PARTNERS' BOOK FOR YOUNG TEACHERS

子ども理解をアップデート

クラス経営が不安な先生が読む本

正頭英和
編

学芸みらい社
GAKUGEI MIRAISHA

はじめに

「勇気」が必要なのは、「知識」がないから。

この本を手に取ってくださり、ありがとうございます。生意気にも「監修」なんてことをさせていただいている、正頭と申します。小学校教員としては「13年」程度の経験です。ベテランという領域にはまだまだですが、「いろいろと見えるようになってきた」と言うには問題ない経験年数ではないかと思います。

僕がこの本であなたにお伝えしたいことは、この章の見出しに全部書いてあります。そう、「勇気が必要なのは、知識がないから」ということです。

教室に入るのに、勇気が必要だったりしませんか？　授業をするときにも、教員会議で提案するときにも、そして4月の学級開きのときにも…。そうなんです。僕らの仕事には様々なイベントやアクシデントがあるのが常なので、度々「勇気」というものが必要になります。でも、僕ら個人がそれぞれに持っている「勇気」は無限ではなく、有限です。毎日毎日使っていれば、いずれそれは使い果たされ、心も体も疲弊してしまう原因となります。そりゃ、精神的につらくなる先生も多くなりますよね。だから本当は、勇気は必要な時だけに使うべきで、毎日使うものではないんです。できるだけ、節約をしたいですよね。

では、どうやって勇気を節約すればいいのでしょうか？　答えは明確にあります。「知識」を持ち合わせることです。僕らが勇気を必要とするのは、「どうすればいいかわからないけれど、やるしかない」「どうなっていくのか見通しがもてない。でも進むしかない」という不安を持った状態で進まなければいけない時がほとんどです。これは言い換えると、「知識不足が原因である」と言えるのです。知識がないと、不安なことって増えてしまいます。でも、学校や時間は絶対に止まってくれない。それで、やるしかない。進むしかない。それで、勇気が必要になるんですよね。でも知識があれば､不安は消えます。勉強することで､知識を増やすことで､解決できることってちゃんとあるんです。

この本では、10人の先生方にお願いし、それぞれが学んでこられた「知識」をご紹介いただいています。「４月のルールづくり」というテーマではありますが、年間を通して学べることばかりの内容になっています。ぜひお読みいただき、知識を増やしていただければと思います。その知識が教室でのあなたの立ち振る舞いを変えるかもしれないし、勇気の節約になるかもしれない。そう思っています。ぜひ､この本で知識を増やしていただければと思っています。

13年の教員経験で､「いろいろと見える」ようになってきました。それなりの知識も身に付けてきました。そんな僕でも､「勇気」が必要な場面はあります。でも、僕はちゃんと勇気を節約してきたので、勇気が必要な場面では思いっきり楽しむことができます。そういうシーンって、教員の醍醐味だったりもします。そこを楽しむことができるようになった時には、教員としての新しいステージが見えてきます。その世界はとても楽しいし、豊かです。ぜひ、その世界でお会いしたいです。その時には一緒に語り合いましょう。

僕も頑張ります。あなたも頑張って。
応援しています。

正頭英和

目次

第3章 心と行動の育て方
～脳科学（神経科学）をベースに～
山口育恵

第4章 あえて「低い」目線でポジティブに組み立てるきまりと学級
鷲見秋彦

第５章 「タブレットのきまり」のつくり方

小池翔太

第６章 あえて「もめさせる」納得解で教室を楽しく

山田航大

第７章 信頼関係を築く「考動」ベースの任せ方

藤井 海

第８章 和のない所にいい仕事は生まれない
～和力の大切さ～
安野奈美子

第９章 ～特別支援学校から～ 3つの「したい」を育む「マイルール」
清水智美

第10章 大切なこと・捨てること
飯山彩也香

第1章

きまりができる土台づくりの法則4

天野翔太

きまりづくりの難しさ～若い頃の大失敗～

C1：雨の日は、トランプを持ってきて遊んでもいいと思います。
C2：将棋やオセロを持ってきてもいいと思います。
T1：みなさん、この２つの意見はどうですか？
Cs：いいです。
T2：他に意見はありませんか？
Cs：（しーん：誰も手が挙がらない）

特別活動の年間指導計画に位置付けられていた、「雨の日の過ごし方を考えよう」という議題の学級会の１コマです。一見、スムーズに進んでいるように見えます。しかし…。

これは、私が教師を始めた頃にあった実際の授業の一部です。ここには「きまりづくり」をする上で、多くの問題点があります。例えば、

○意見を言う子どもが数人しかいない
○意見を言うことに消極的な子どもがたくさんいる
○自分たちの学級のきまりなのに、様々な角度からの検討がなされていない

などが挙げられます。

結果として、トランプや将棋等の使い方を巡り、休み時間中に小さなトラブルが頻発してしまいました。

きまりづくりで大切なことは、

○子どもたちの納得感を得ること
○きまりづくりを自分事として捉えること
○教師と子どもたちでの様々な角度からの議論を経て、一緒にきまりをつくり上げること

だと強く痛感した、若い頃の大失敗でした。

さて、先述した多くの問題点は、何が原因で起こってしまったのでしょうか？ それは、「きまりづくりの土台ができていなかったこと」です。学級経営が上手くいっていないと言っても過言ではないでしょう。

きまりづくりの土台は、学級の「心理的安全性」によってもたらされます。心理的安全性とは、ハーバード大学の組織行動学者であるエイミー・C・エドモンドソン教授がチームに応用し、提唱した概念です。私は学級の心理的安全性を、

自分の考えや意見を自由に言い、失敗を恐れずに挑戦できる環境

だと、捉えています。

ここからは、心理的安全性の視点から、「きまりができる土台づくりの法則４」について述べていきます。

「相談される先生」になる！

みなさんの学級の子どもたちは、「先生に相談する」ことができているでしょうか？　もちろん、内容によっては先生以外の人に相談することもあります。しかしながら、「相談しやすい先生」であることは、きまり作りや学級経営において非常に重要なことです。

「相談される先生」に共通することは、「話しやすさ」があるかどうかです。「話しやすさ」とは、

雑談を含め、情報共有が頻繁に行われる環境

のことです。

「話しやすさ」が先生にあると、大なり小なり相談されることは多くなります。そして、学級自体にこれが浸透してくると、子どもたちの率直な意見や問い等が学級の中で飛び交うようになります。

「話しやすさ」を高めるためには、教師のマインドが大切です。特に大切なマインドは、以下の５つです。

①様々なことに対する理解を子どもと共有する
②子どもたちの話にしっかり耳を傾ける
③教師にもわからないことがあると伝え、子どもと一緒に悩む仲間の一人でいる
④子どもに問いかけ、一緒に考える
⑤「ありがとう」をたくさん伝える

上述したようなマインドを大切にすることは、「話しやすさ」をつくる基礎となります。この基礎を前提に、「話しやすさ」を高めるための手立てを２つ紹介します。

①毎日超簡易1on 1

「超簡易１on１」とは、子どもとのやり取りが往復１回以上の個別会話です。例えば、子どもの挨拶に教師が挨拶を返すなどです。

私は、毎日５回以上学級の子どもたち一人ひとりと、超簡易１on１をすることを最低目標にしています。超簡易１on１の場面は、「朝の挨拶」「授業」「休み時間」「給食」「そうじ」等、多岐にわたります。教師が意識的に一人ひとりと会話することが、「話しやすさ」を生むのです。

②子どもの名前を呼ぶこと

みなさんは、子どもの名前をしっかり呼んでいますか？

名前を呼ぶことで、ネームコーリング効果（「自分の名前を呼んでくれる人に対して好意を抱く」という心理現象のこと）が働きます。名前を呼ぶ挨拶や感謝の言葉によって、相手に好印象を与えるわけです。

これがたくさん増えていくと、一人ひとりの「話しやすさ」が高まり、学級が明るくなっていきます。

このような手立てを講じることにより、話しやすい先生になっていきます。その結果、相談される先生になるのです。これがまず、きまりができる土台づくりの１つです。

「助け合い＆挑戦」の文化をつくる

「助け合い」とは、「互いに助け合える環境」のことです。これが確保されていると、子どもたちは相談し合い、協働・協力できるようになります。

一方、「挑戦」とは、

> 挑戦の結果が判明する前に、まずは「挑戦したことそのもの」を歓迎できる周囲の環境

のことです。

「挑戦」は、学級に活気を与えるものであるとともに、新しいことを模索するために大切なことです。これが確保されているとアイデアや意見が出やすくなり、学級の挑戦の総量を増やすことができます。

「助け合い＆挑戦」の文化がつくられると、「意見を言うことに積極的になる」「一つの意見を様々な角度から検討する」ことが当たり前になります。

では、「助け合い＆挑戦」の文化をつくるために大切なことは、何でしょうか？　ポイントは、以下の２つです。

> ①「助け合い＆挑戦」を引き出す仕組みをつくる
> ②「助け合い＆挑戦」を価値づける

これらのポイントを踏まえた「助け合い＆挑戦」の文化をつくるための手立てを、２つ紹介します。

①先生の大好物は？

　私は学期初めの自己紹介で、「友だちがこんなことで頑張っていたよというお話が大好物です！」と必ず伝えています。毎日２、３人が話をしにきてくれます。

　この宣言自体が、仕掛けになります。また、教えてくれた子ども、友だちに良さを見つけてもらった子どもに対して、価値付けができます。私も嬉しいWin-Win-Winです！

②PCマスターへの道とPCマスター免許

あまちゃん免許（PCマスター）

氏名	霜月　天治郎	令和６年度３の３
交付	令和７年２月５日	
令和１０年３月３１日まで有効		
段位	４段	
番号	第１０号	
typing	１分間５２文字 Typing Master	

　子どもたちのICTスキルを高めるために「PCマスターへの道」というスキル表を作成し、活用しています。興味のある子どもからどんどん「挑戦」することができます。そして、互いのスキルを高め合うための「助け合い」も、自然と発生します。

　さらに、「PCマスターへの道」の初段以上をクリアした子どもへ、「PCマスター免許証」を発行しています。右上のQRコードからWordデータをダウンロードできます。

　実際に、「『免許が５段以上なら、先生がいなくてもPCを昼休みに使ってもよい』というきまりを、みんなに提案してもいい？」という相談がありました。議論を経て、学級のきまりとなりました。話しやすさに加えて「助け合い＆挑戦」の文化があるからこそのきまりづくりとなりました。

「まとはずれ」から生まれるよりよいきまり

「まとはずれだなあ…」と思う子どもの意見ってありませんか？　若い頃の私は、よくそう思っていました。しかし、本当にまとはずれなのでしょうか？　まとはずれを受け入れ、深掘りすることで生まれるものはないのでしょうか？

メンバー一人ひとりの強みや個性、新しい視点や発想を受け入れ、「まとはずれ」をむしろ歓迎する環境

のことを、「新奇歓迎」と言います。これが確保されていると、一人ひとりの個性や多様性を学級経営や授業づくりに生かしやすくなります。VUCA（先行きが不透明で、将来の予測が困難な状態）の時代だからこそ、きまりを作る上で欠かせない要素となります。

「新奇歓迎」の状態をつくるために特に大切なことは、以下の２つです。

①一見「まとはずれ」と思われる考えを深掘りする ②「多様性を尊重する文化」を醸成する

「新奇歓迎」の状態を高めるための手立てとして、「算数の学び方」について紹介します。

算数教育では、「答えが出てからが本当の算数」だと言われます。簡単に言えば、「自ら問いをもち、自ら考え続ける」ということです。

次の図は、私が実際に子どもたちと共有している「考え続けるための問い」をまとめたものです。

答えが出てからが本当のスタート

・本当に？（確かめ・批判的思考）
・どうやって？（方法）
・なんで？（根拠）
・例えば？（具体）
・他にないかな？（多様な考え及び翻訳）
・比べてみると？（既習と未習・違い・共通点）
・もしも...だったら？（発展）
・着目ポイントは？（数学的な見方）

算数では、子ども自らの問いに基づく考え方や発展の在り方は多様です。学び方を身に付けると、さらに多様な問いが生まれます。「まとはずれの問い」を歓迎（新奇歓迎）することで、見えてくることもあるわけです。

今回は算数を例に挙げましたが、社会や道徳などの様々な教科で、子どもの問いを大切にしています。子どもの問いを大切にしていると、子どもたちは様々な角度から考えることができるようになります。これが、きまり作りをする上で非常に重要です。

前節で挙げたPC活用のきまりの議論の際も、

C1：先生がいなくても学びのために使える？
C2：その時間に使い方を教えるのもいいんじゃない？

という問いから、「PCスキルアップのために教えてもらうのはOK」という、よりよいきまりになりました。

心理的安全性をつくるおすすめの活動２選

ここまで「話しやすさ」「助け合い」「挑戦」「新奇歓迎」というきまりができる土台づくりの４つの法則について考えてきました。この４つの法則は、株式会社 ZENTech が見い出した「日本版・心理的安全性」の４つの因子に基づいています。

学級の心理的安全性を高めることで、様々なきまり作りが行いやすくなります。その結果、「楽しく安心・安全な教室」をつくることができます。

以下、４つの因子を同時に高めることのできるおすすめの活動を２つ紹介します。

①褒めクリップ

褒めクリップとは、子どもたちが褒められるような言動をした時に渡す、ゼムクリップのことです。学級の頑張りが認められた際や、周り（他の先生方や来校者）から称賛を受けた際にも渡します。

渡された子どもは、専用の容器に入れます。この容器にクリップがいっぱいになると、学級レク等を行います。

この実践は、「トークンエコノミー」と呼ばれる「ABA（応用行動）分析の理論に基づき行われるご褒美システム」に基づいて行っています。ねらいは、「子どもの望ましい言動に注目し、よりよい学級になるようにすること」です。

一人ひとりの子どもたち及び学級の頑張りや成長等を可視化することができます。

先述した「先生の大好物は？」の手立てと組み合わせると、より効果的です。

②I message でリーダーの育成

「I message」は、「私」を主語にした表現のことです。「I message」で、子どもたちはリーダーへの第一歩を踏み出すことができます。

例えば、廊下を走っている子どもに対して「走っちゃだめだよ！」と注意する子どもは、どこの学級にもいるでしょう。しかし、否定系の言葉は、攻撃的に感じさせたり、自分への非難と思わせたりすることに繋がりやすいものです。

「廊下を走らないでくれると嬉しいな！」「歩けるとすてきだと思うよ。」という「I message」を使うことができれば、否定系の言葉を使わずに自分の感情や考えを伝えることができます。つまり、伝えられた側の嫌な感情を引き起こす可能性を減らすことができるのです。

また、「I message」による言葉かけが増えるということは、自ら進んで考えて他者と関わる子どもが増えるということです。学級のリーダーが増えていくことにも繋がります。

「話しやすさ」「助け合い」「挑戦」「新奇歓迎」という４つの因子を意識して心理的安全性を高めることで、きまりづくりの土台ができ上がってきます。

【引用・参考文献】

石井遼介（2020）／心理的安全性のつくりかた「心理的柔軟性」が困難を乗り越えるチームに変える／日本能率協会マネジメントセンター

原田将嗣（2022）／最高のチームはみんな使っている 心理的安全性をつくる言葉55／飛鳥新社

第2章

はじめのいっぽ パワーアップ大作戦

櫻井純代

はじめに

「○人チームをつくるよ。ようい、スタート！」
どのくらいの時間でこのミッションが完了できるか…私はこのミッションに要する時間から、学級や児童同士の人間関係を時折チェックしています。

学校では、共に生活や学習に取り組む同年齢の児童で構成される集団である「学級」が生活の中心となります。どの子にとっても居心地が良く、自らの成長やよさを実感できる学級づくりについて、学級活動を通して考えました。

学級活動とは

学級活動は、「学級」において行われる活動です。『小学校学習指導要領解説　特別活動編 1』に示された学級活動の内容を表1に示します。学級活動において育成することを目指す資質・能力は、問題の発見・確認、解決方法等の話し合い、解決方法の決定、決めたことの実践、振り返りという基本的な学習過程の中で育まれます。このサイクルを自分たちで回すことができる学級づくりを目指してきました。

(1) 学級や学校における生活づくりへの参画
　ア　学級や学校における生活上の諸問題の解決
　イ　学級内の組織づくりや役割の自覚
　ウ　学校における多様な集団の生活の向上
(2) 日常生活や学習への適応と自己成長及び健康安全
　ア　基本的な生活習慣の形成
　イ　よりよい人間関係の形成
　ウ　心身ともに健康で安全な生活態度の形成
　エ　食育の観点を踏まえた学校給食と望ましい食習慣の形成
(3) 一人ひとりのキャリア形成と自己実現
　ア　現在や将来に希望や目標をもって生きる意欲や態度の形成
　イ　社会参画意識の醸成や働くことの意義の理解
　ウ　主体的な学習態度の形成と学校図書館等の活用

表１　学級活動の内容

自分たちで「週のめあて」をつくろう！

学校には、学校目標をはじめ、学年目標、学級目標、生活目標、保健目標、給食目標、単元目標、授業時間内の目標等の様々な目標があります。教師発の目標が溢れており、一部形骸化しているものがあることは否めません。また、学校全体に向けてのものであることが多いため、学級の実態には合わないこともあります。

雨がよく降る時期に、「外で元気よく遊ぼう」が週目標だったことがありました。「雨ばっかりだから今日も×だね」と児童からはマイナスの言葉が出ていました。そこで、誰のため、何のためのものなのかを再考し、学級会で考えた内容や委員会等の企画に合わせて、毎週児童と共に週のめあてをつくる体制を整えました。

やり方としては、月末に学級の様子を振り返り、できるようになったこと、できなかったこととその理由を出し合います。次に、翌月学級としてパワーアップしたいことを1～2つ決め、合意形成を図りながら具体的な作戦を2～3つ決めました。ここで決まった具体的な作戦が、週のめあてとなります。このステップを毎月繰り返すことで自分たちの目指すところが明確になり、みんなで学級をよくしていこうという雰囲気が生まれました。

振り返りがポイント

週のめあてを児童が「自分事」として捉え、「よりよい生活をつくろう」「できることを増やしたい！」という気持ちをもてなければ、学級オリジナルにしたところで意味がありません。

「自分事」にするためのひとつの手立ては、振り返りの充実だと考えます。振り返り方としては、帰りの会で挙手をする、記号で振り返る、日記を活用して文章化する、ICT 機器

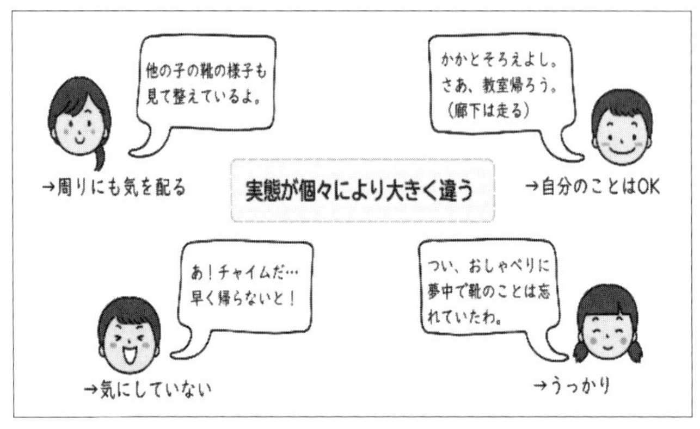

図1　児童の様子

を活用して録画する等が挙げられます。

学級の規律を整える第一歩として、「靴そろえ」をめあてとしたことがあります。児童の様子を観察してみると、図１のような様子が見られました。この様子から、「実態が大きく違う中で、全員が同じめあてでよいのだろうか？」という疑問が生まれました。振り返りの場面でも、「週のめあてを守れた人は手を挙げてください」だけでは、「どんなところをがんばったの？」「どこに気を付けたらよかった？」等、問い返さなければ自分事になってはいかないと考えます。これを会話のきっかけとすることも可能ではありますが、下校前に全員とゆっくり話す時間を毎日確保することは厳しいのが現実ではないでしょうか。

そこで、振り返りの視点を明確にすることを目的として、「自分が特に気をつけること」「特にがんばりたいこと」等を考え、「マイめあて」をつくることにしました。

学級活動の学習過程に週のめあてと振り返りを組み込んだ一連の流れは、図２のようになります。

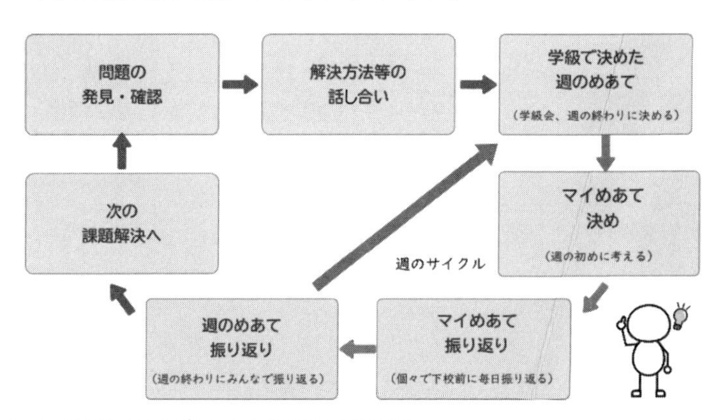

図２ 週のめあてをプラスした学級活動の学習過程

学級活動（1）
ア　学級や学校における生活上の諸問題の解決

(1) では生活上の諸問題を「自分たちの課題」として捉え、互いの意見を認め合い、合意形成したことに基づき、実践を通して解決を図ることが必要です。これは、児童会活動やクラブ活動において、自発的・自治的な活動を行っていく基盤となるものでもあります。

友達との関係が深くなってきた2学期のある日、児童の様子からふと呼び捨てにする、命令口調になる等、乱暴な言葉が増えているのが気になりました。児童からも「嫌なこと（ちくちく言葉）を言う人がいるから優しい言葉（ふわふわ言葉）を増やしたい」「1学期にやったイライラ解消を復習したらどうか」という声が挙がってきていました。この問題を解決し、教室をみんなが安心して過ごせるところにするパワーアップ大作戦を行うことになりました（表2）。

学級で決めた週のめあて	ふわふわ貯金
マイめあて決め	・「ありがとう」を言う ・「ふわふわ言葉を毎日使う」　等
マイめあて振り返り	ふわふわ言葉を言えたらシールを1枚貼って、シール貯金をする。
週のめあて振り返り	貯金がたまって、いいかんじになった。

表2　学級活動（1）実践の流れ

学級の諸問題を把握するためには、つぶやき、日記、目安箱、アンケート等の手立てがあります。このときはこの中から、つぶやきとアンケートを活用しました。

ふわふわことばについては1学期に取り上げていましたが、

２学期の保健指導として養護教諭からも話をしてもらうことで、さらなる意識付けを図りました。「言葉がたくさんあるので忘れてしまう」という児童の声に応え、一言日記用紙にみんなで考えたふわふわ言葉を載せ、毎日目にすることができるように工夫をしました。児童からは、「ふわふわ言葉を言えたら、すぐにシールを貼りたい」という意見も出てきたため、教室内に３か所、廊下に１か所の合計４か所に貯金箱の用紙を準備して取り組むこととしました（図3）。

１週間の取り組みの中で、シール貯金が満タンになり、何度か紙を新しくすることもできました。

「みんなが安心して過ごすためにはどうしたらよいか」は、何度も議題となりました。その度に児童は言葉遣いや遊びの誘い方等を考え、パワーアップ大作戦を実行しました。トラブルの全てがなくなった訳ではありませんが、みんなで本音を出し合い、問題解決に取り組んだことで、教室は児童の笑顔が溢れる居場所へと変化していきました。

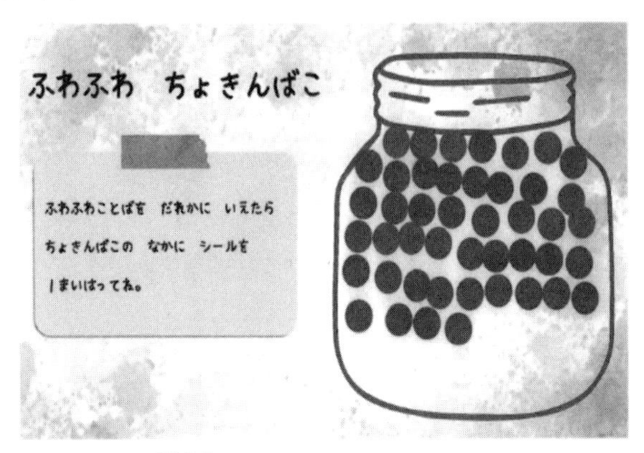

図３　ふわふわ貯金箱

学級活動（2）
ウ　心身ともに健康で安全な生活態度の形成

安全な生活態度を育成するには自己管理が大切であり、日常及び災害時の安全確保には正しい知識が必要です。前任校では、廊下を走る児童が多い、それに伴う怪我が多数あるという実態から、廊下歩行を意識する取り組みが定期的に行われていました。

事前に質問をすると、廊下歩行の合言葉「歩こう　ゆっくり　右側を」をできていると信じて疑わない様子の児童たち。そこで客観的に自分たちの姿を確認してもらおうと、休み時間の様子を教師が撮影した動画で確認することにしました。すると動画を見たことで、「右と左が区別できていない」「走る子が多い」といった問題発見をすることができました。

安全に生活をするにはどんなことを意識したらよいか、どんなことに気をつけたらよいかを考えて、パワーアップ大作戦を行うことにしました（表3）。

学級で決めた週のめあて	安全ウィーク 「あ・ゆ・み」を守る
マイめあて決め	・歩く、右側を守る ・看板を作って呼びかける　等
マイめあて振り返り	帰りの用意の前に、チェック表に記号を書く。
週のめあて振り返り	来週も安全ウィークのチェックを続ける。

表3　学級活動（2）実践の流れ

委員会児童が廊下で呼びかける姿を見てよい作戦だと感じ、同じようにやりたいと思った児童たちは、自らグッズを作成して委員会児童と共に呼びかけに参加するようになりました（写真1）。さらに、もっとみんなができるようになることを目指して委員会企画終了後も２週間取り組みを続け、廊下歩行をかなり意識できるようになりました。

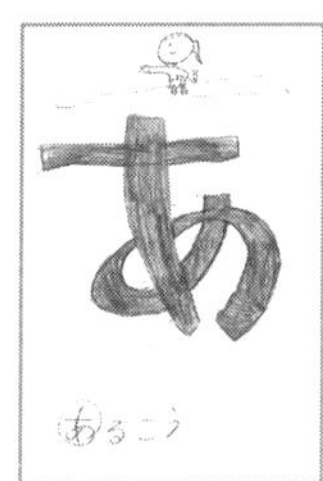

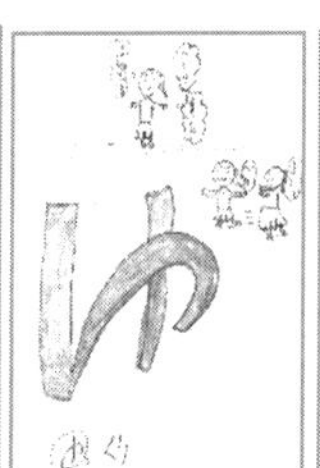

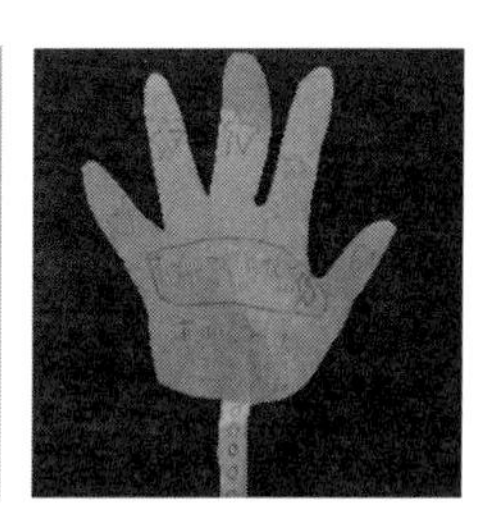

写真１　呼びかグッズ

学級活動（3）
イ　社会参画意識の醸成や働くことの意義の理解

児童は学級の一員として、清掃や給食、日直等当番活動、係活動等の様々な役割を果たしながら生活をしています。

学級内から「清掃の時間に遊んでいる子がいる」「全然一緒にやってくれない」という声が出てきました。様子を確認してみると、「ほうきで掃くことはやりたい。でも、雑巾がけはやりたくない」「外掃除中につい虫が気になってしまう」等、個によって清掃に対する意識の差が大きいことが分かりました。

そこで、自分の役割を果たすことを意識するために清掃場所ごとでのめあてを決め、支え合いながらパワーアップ大作戦に取り組むことになりました（次ページ表4）。

学級で決めた週のめあて	安全ウィーク 「あ・ゆ・み」を守る
マイめあて決め （清掃場所ごと）	・雑巾をぎゅっと絞る ・袋いっぱいに草を取る
マイめあて振り返り	清掃終了時にチェック表に記号を書く。
週のめあて振り返り	まだできていないこともあるけれど、前よりはよくなっている。

表4　学級活動（3）実践の流れ

チェック表は廊下の掲示板に掲示をし、清掃の前にめあてを確認し、終了時に振り返りを記号を使って行うようにしました。「虫採りは休み時間にするんだよ」「近づくと話しちゃうから、離れてやろう」等、それぞれの場所でめあてを達成できるように作戦を考えて活動をしていました。学級全体としても、どうして役割分担が必要なのかを考え直すことができ、自律力を高める機会ともなりました。

清掃のパワーアップ大作戦は、全校体制で取り組むことも可能です。実際に、委員会児童に清掃について考えていることを聞いてみたところ、「道具を大切に扱って欲しい」という思いがあることが分かりました。そこで全校でピカピカ週間を行う計画を立て、委員会として各教室の掃除道具入れの点検を実施。整頓状況に応じて認定証を渡す活動に広げていくこともできました。

実践を振り返って

今回具体例を挙げた以外にも、休み時間の過ごし方や挨拶、朝の準備を早くする、給食の残菜量を減らす、熱中症対策、感染症対策（手洗いの仕方）、怪我防止、読書週間、いじめ防止等、学級の実態に合わせて毎週のめあてを考え、そのためのパワーアップ大作戦を行っています。

冒頭に述べた「○人チームをつくるよ。ようい、スタート！」のチームづくりでは、学級が自発的・自治的な状態に成熟すると、30秒程でチーム編成が完了すると感じています。また、ある子の「やりたい」からスタートして仲間が集まり、学級のあちらこちらで遊びと学びが融合したダンス隊や音読劇団、マジック団等が休み時間に活動し始めることもあります。うまくいかないことがあると優しく声を掛けて寄り添う姿、解決方法を一緒に探す姿、できるようになったことをみんなで喜び合う姿もたくさん見てきました。そんな集団の中で過ごすからこそ、自分の成長や自分のよさ、自分らしさをどの児童も実感していくことが可能となっていくのではないかと考えます。

今後も学級活動を主軸として、児童が「明日も来たい」と思える学級づくりについて考えていきたいと思います。

【参考文献】

1）文部科学省（2017）小学校学習指導要領解説　特別活動編
2）今宮信吾、田中博之『NEW 学級力向上プロジェクト 小中学校のクラスが変わる学級プロット図誕生！（ダウンロード資料付）』（2021）金子書房

第3章

心と行動の育て方
～脳科学(神経科学)をベースに～

山口育恵

なぜ学級経営に脳科学なのか

学級経営の方法を知りたいのに、なぜ脳科学の話が出てくるのか、不思議に思うかもしれません。しかし脳科学（正確には神経科学ですが、ここでは一般的な脳科学と表記します）、つまり人の脳の仕組みや働きを知ることは、今後の学級経営を進めていく上で、教員としての思考力を育てる近道になると考えます。学級という集団や、子ども個人の言動の裏で働いている脳の仕組みを知ることは、現場の応用力を高めるための基礎知識のようなものかもしれません。

東京大学大学院総合文化研究科の酒井邦嘉教授は、「人間は生得的に集団で学び、高め合う生き物だ」とおっしゃっています。人間は集団で学ぶからこそ、高め合えるのです。教員が学級経営で目指すのは、学級を質の高い学習集団にすることです。つまり、質の高い学習集団にしていくことが学級経営であるとも言えるのです。

質の高い学習集団とは

目指すのは、子ども達が安心して生活・学習できる環境です。それは心理的安全性が保障された場ということになりますが、この心理的安全性をもう少し具体的にしてみましょう。それは、「自分のことを語れること」「志を共にする人と学習できること」「感情を共有できること」です。

これを実行するために重要なのは、「Do（何をするか）ではなく、「Be（在り方・考え方）」なのです。その理由も脳にあります。

人間脳と動物脳

人の「言動」に大きく影響するといわれている脳は、「前頭葉」と「扁桃体」です。（ほかにも色々ありますが、ここではこの２つに絞って説明します。）「感情（情動）」を担っているのは哺乳類の脳にもある「扁桃体（動物脳）」で、「思考」を司るのが「前頭葉（人間脳）」です。脳の血流が多い状態を、活性化していると定義します。

「前頭葉（人間脳）」と「扁桃体（動物脳）」の血流量はシーソーの関係にあり、どちらの血流を優位にするかで判断が変わります。

「扁桃体（動物脳）」優位の場合は、目の前の事象に注力し、近視眼的に　感情が優先されます。その結果、「闘争」か「逃走」の判断になります。

それに対して「前頭葉（人間脳）」優位の場合は、その感情を認知して、「どうすると良いか」という目的意識で考えることができます。

「扁桃体（動物脳）」優位の場合だと、もし自分が悪いことをしてしまってそれが教員に見つかった時などに次のような反応が起こります。「逃走」とは、やっていないとうそをついたり、言い分けをしたり、その場からいなくなったりしようとする反応。「闘争」は、相手を責めたり、怒鳴ったり、怒ったり、言葉が攻撃的になったり、実際に手などが出たりすることもある反応です。

子どもが喧嘩している時などは、どちらの子どもも動物脳になっています。動物脳同士でやり取りをしているので、喧嘩が激しくなりやすいのです。子どもが「逃走」か「闘争」状態の時には、一度落ち着いて「前頭葉（人間脳）」優位になってから話をするのが好ましい対処法です。

これは大人も子どもも共通の脳の仕組みなので、子どもの状態だけでなく、教員自身がどちらの状態かを意識することも重要です。疲れていたり忙しすぎたりして教員が「扁桃体（動物脳）」優位になっていると、近視眼的に感情が優先されてしまい、冷静に考えにくくなります。先生が「前頭葉（人間脳）」優位であるということも大切です。

では、先生自身が前頭葉（人間脳）優位であるためには、どうしたらいいのでしょうか。未来への展望をもち、理想の自分や在り方に向かって行動することが有効です。しかし、それでも常に人間脳が優位であり続けられるわけではありません。

実は、物理的な刺激で簡単に脳を活性化させ、人間脳を優位にする方法があります。

増田勝利さんの『ブレインマッピング　最新脳科学が導く正しい脳の使い方』（徳間書店、2023年）では、このような事例があります。

『左右の耳の下部（耳たぶ）を親指と人差し指でつまみ、下に7回、リズミカルに引っ張ります。速さは3秒間に７回引っ張るくらいで、強さは耳が外れる一歩手前と思えるくらいです。もちろん、指でつまむ程度であれば、実際に耳を傷めるようなことはありません。

続けて耳の横の部分をつまんで横７回、耳の上部をつまんで上に７回、耳の横の部分をつまんで前に７回、同様の速さと強さで引っ張ります。さらに耳をたたんでつまみ、前回しを７回、後ろ回しを７回行います。

耳には、全身の100以上のツボが集まっているといわれます。そのため、耳全体を引っ張ると、全身をコントロールしている脳が刺激され、活性化するのです。』

脳が活性化した状態というのが「前頭葉（人間脳）」優位といえます。

このような物理的な刺激に合わせて、「このような学級にしたい」「このような話し方がしたい」「こんな風に授業がしたい」というような、目的意識を明確にすると、より効果的です。理想の状態や、できている自分をイメージしながら耳に刺激を与えてみてください。脳を活性化させることで、脳の効率的な働きが期待できて、目的を達成する確率」を高めることができます。

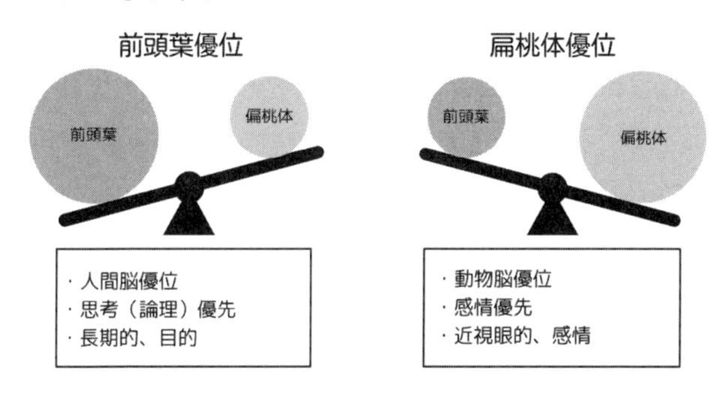

子どもの観察力と真似をする力

子どもの脳は成長途上です。小学生の段階では、まだ動物脳の方が強くなっています。つまり近視眼的で、感情で物事を決めやすい状態がデフォルトであるといえます。また、動物脳の時の反応として、ほかにも特徴的なことがあります。

それが観察力です。子どもがよく周りのことを見ていると感じたことはありませんか？　それも動物脳の力です。その観察力を使って、人の顔色をよく見て行動しやすいという傾向があるのです。

なぜかというと、生物にとって一番大切なのは生命維持であるからです。そして、子どもという立場の弱い存在にとって、自分にとって影響力のある周りの大人の言動は、ある意味死活問題です。そこまで意識してはいなくても、身近な大人がどんな態度で、どんな価値観で人と接しているか、言動をしているかによって、自分の態度やあり方を変えやすいのです。そして、そのお手本がよくても、そうでなくても、無意識のうちにまたは意識的に、真似をしやすいという脳の特徴があります。

さて、子どもにとって、学校の中で一番身近な大人とは？それはもちろん、教員です。教員の在り方、接し方がそのまま子ども達の在り方の基準になっていくという意識をもつことは、とても重要です。教員の言動次第で子ども達の在り方も変わってしまうからです。逆を言えば、子ども達に「こうあって欲しい」という姿を見せることが、育てたい子ども達になることにつながるとも言えます。

学級という仲間～友達ではなく仲間へ～

学級という環境は、子どもが自分で選ぶことができません。そのため、仲のいい友達や気の合う人ばかりがいるとも限りません。考えや性格の合わない人、時には苦手な人とも一緒の空間で学び、行動します。

教員によって考え方は様々だとは思いますが、私は、学級は全員と仲良しになる場所ではないと思っています。学級の全員が仲良しになることは理想的ではありますが、現実的ではありません。社会に出た時のことを考えてみても、出会う相手全員と仲良くというのは難しいのではないでしょうか。

学級というものは､「仲良し」ではなく､全員が「仲間」になっていく場所です。そのために子ども達とも、「仲間」という言葉の定義や、学級は「仲間」を目指す場所だという認識を合わせる必要があります。

なぜ「仲間」なのかというと、脳の仕組みとして「仲間」と認識した相手とそうでない相手では、脳の反応する場所が違うからです。

「仲間」と思えると、相手のことを人として気遣ったり、接したりすることができるけれど､「仲間」と認識していない場合は､「その人」を見る時と「モノ」を見ている時とで同じ脳の部位が反応しています。

例えば、電車の中で平気でメイクをしてしまう人や電話で大きな声で話す人などは、マナーがなってないと言えばそれまでですが、そもそも脳が周りの人を「モノ」と同じ、人と感じられていないからそんな行動ができてしまうのだとも言えます。その結果、相手がどう感じるかを考えたり、気を遣ったりするなどという思考が起こりにくく、相手を傷つける言動にもためらいが生まれにくくなります。
友達とのトラブルを起こしやすくなる要因はそれだけではありませんが、仲間意識を育て、その仲間の範囲を学級→学年→学校→地域と拡大していくことで減らせるトラブルもあるでしょう。

では、「仲間」とはどのような人を指すのでしょうか？　子ども達の多くは、「仲のいい友達」と「仲間」を同一視しがちです。しかし、それだと数十人いる学級全員がつながることが簡単ではなくなります。最初に述べたように、どうしても苦手な相手が学級にいる可能性もあるからです。そのため、「友達と仲間は違う」ということを子ども達と確認しておくことが大切です。
ここで伝えたい仲間とは、仲の良さや、興味や関心の合う・合わないとは関係なく、同じ目標・目的に向かって空間や時間を共に過ごす人達のことです。
例えば、学級を大きな船だとします。子ども達は、船の乗組員。教員は船長だとします。仲が良くない、趣味が合わないからと相手を軽んじたり、協力しなかったり、喧嘩したりする。また、乗組員が船長の言うことを聞かなかったり、反抗していたりすれば、目的地には着けないし、下手をすると船は沈んでしまいます。
ではどうすればいいのでしょうか？
目的を共有して、失敗を責めず、必要な場面で協力し合える学級に育てていくことです。そうすれば、性格の合う・合わないや、競い合う（マウントを取り合う）ことは子ども達にとって重要ではなくなるはずです。

ここで言う目標は、学級目標でもいいし、日々の教員が伝え続けるものでも問題ありません。要は、子ども達が「それを目指すことが当たり前で、達成することが自分にも学級にもいいことがある」と感じられる目標を共有して、「仲間」になるという価値観を共有することです。

言葉で作る価値観

人の思考は、何によって生み出されているのでしょうか？それは【言葉】です。人は言葉によって思考するし、価値観は言葉によって作られます。同じ出来事に対しても、それに対してどんな言葉を使うかによって感じ方が変わってきます。

逆を言えば、一度作られた価値観も、言葉を言い換えることで捉え方を変えることができるのです。ただし、一度言ってすぐに変化するものではなく、何度も繰り返し意識することで、徐々に価値観は変化していきます。

脳が外部情報を入力する際に優先する感覚器官は人によって異なります。まずは見て覚える視覚優先脳。とにかく聞いて覚える聴覚優先脳。感じて習得する皮膚感覚優先脳です。

それを踏まえて、子ども達に伝えたい大切なことを伝えるのは話し言葉だけでも書き言葉だけでもなく、体験も含めて伝え続けることも大切です。話し言葉は、朝の会や帰りの会、授業の中や日々子ども達と接する全ての時間で機会があります。

書き言葉で伝える場合は、朝、子ども達を出迎える黒板にメッセージを書くという方法があります。行事の時や学級の

外部入力の優先器官

様子などに合わせ、その時々に子ども達に伝えたいメッセージを書くことで、視覚と聴覚の両方で伝えることができます。

学級経営～対話による学級づくり～

前半で、教員の在り方（Be）という話をしました。在り方とは、日常的な言動のことですが、些細な物も含めて人はほとんど無意識で反応しています。

私達はみんな、これまでの人生で情報を得てからの経験と行動によって作られた、自己ルールを持っています。五感を通して情報を受信した脳は、それまでの経験などをもとに、人それぞれに「○○とは？」と言った「定義と方程式」を作り、「解釈」を変えます。その「自己ルール」によって無意識に「思考パターン」や「行動パターン」を作り上げており、これが「思い込み」になっています。

こんなことがありました。

休み時間が終わると、A君が怒りながら私のもとにやってきました。

「サッカーをしてたら、Ｂがわざと邪魔してきた！」
Ｂさんは隣のクラスの子で、よく色んな子どもと喧嘩をしています。しかし、この情報だけでは、何があったのか正確なことは分かりません。少し遅れて、Ｂさんも怒りながら私のもとへ来ます。
「ボールが転がってきたから蹴って返そうとしただけなのに、『邪魔すんな！』っていきなり怒ってきたんです。ひどくないですか？」
両方の話を聞いてみると、Ｂさんは転がってきたボールを返そうとボールを取って、蹴った。しかし、普段トラブルメーカーのＢさんのする行動だったので、Ａ君はボールを持っただけで邪魔をされるのではないかと、これまでの経験からできた思い込みで反応してしまったということでした。

このように、子ども達は自分の思い込みで色んな情報を決めつけて､教員に伝えてくることが多くあります。それを知った上で、冷静に子ども達の話を聞くという姿勢が重要です。例えやんちゃなＢさんだとしても､意識して思い込みを外し､両者の話をフラットな姿勢で聞くということの実践が大切です。
教員としては､「みんな本当はいい子だ」という前提を持って子ども達を見ることができると、フラットな対応がしやすくなります。とはいえ、すでにできてしまっている「定義と方程式」は気づくこともなくすことも簡単ではありません。無意識に起こってしまっていることだからです。
しかし､「定義と方程式」を作り直すことができないわけではありません。まずは意識してフラットに対応していくことで、徐々にそれが当たり前になっていきます。

喧嘩があった場合には、必ず当事者の両方から話を聞きます。

この時、子ども達は「○○がわざとやった」「やってない！」というように、感情や主観が入りがちです。喧嘩をしている時は双方が動物脳になっているので、冷静に話すことは簡単ではないし、そもそも無意識の「定義と方程式」で反応しているからです。そのため、そのまま受け止めると話が混乱してしまいます。

そこで、感情も立場もフラットに【事実・出来事】に注目して、話を整理していきましょう。聞いたことを書き出していくことも有効です。そうすることで、子ども自身も感情を交えずに、客観的に捉えやすくなります。

例えば、

「C君がわざとぶつかってきて…」

「C君がぶつかって」

「こっちを見て笑ってバカにしてきた」

「D君を見て、笑ったのね」

というように、主観交じりの主張の中の事実だけを抜き出していきます。一通り片方の話を聞いたら、同じようにもう一方の話を聞き、事実だけを残していく。話が合わないところは周りで見ていた子に話を聞くなどして、客観的に出来事が間違いないと整理ができたら、決断は本人たちに委ねます。

「起こったことはこれで間違いない？　お互い納得？」

と同意が取れた所で、

「それで、どうする？」

と当事者同士に判断を委ねます。

教員がジャッジして、どちらかに謝らせたり勝手に解決しようとしたりすると、わだかまりが残ることがあります。本人たちに委ねると、意外と「話してすっきりしたからもう大丈夫」となることもあるし、「自分にも悪いところがあったから謝りたい」となることもあります。大事なのは、「自分達で決めた」という納得感です。

教員自身がどちらかへの肩入れをするのではなく、フラットに対話する。その姿勢を示し続けることで、対話を大切にする学級へとつながっていきます。

意識から無意識へ

東京大学大学院総合文化研究科の酒井邦嘉教授は、「人は生得的に集団で学び、高め合う生き物」だと話しています。つまり、学級という集団の中で学び、高め合う質の高いコミュニティを育成することは、人間脳の本質になります。そのためには教員自身が大切だと思う価値観や在り方を、まずは自分で言語化しておくことをお勧めします。紙などに書き出して、目に触れやすい所に貼っておくとよりよいでしょう。

思考は言葉によって作られます。理想の学級や自分の在り方を言語化しておくことで、自分の日々の言動や思考を強く意識していきましょう。それを続けることでいつしか無意識に、子ども達にフラットに接したり、対話を大切にしたり、失敗を責めなくなったりするなど、自分がこう在りたいと思っている教員として過ごせるようになっていきます。

教員の在り方が、学級の在り方につながる。そんな脳から考える学級経営を、ぜひ試してみてください。

第４章

あえて「低い」目線でポジティブに組み立てるきまりと学級

鷲見秋彦

持続可能で自分に合うスタイルを

世の中には、たくさんの指導法や方法論があります。こうして教育書を手に取って読まれている熱心な先生方は、きっと多くのそれらに触れていらっしゃることと思います。ですが、結局その中でどれが良いのかが分からず、自分はどうあるべきかに悩むこともあるのではないでしょうか。私が二十代の頃は、まさにそうでした。

私は十年の教員生活の中で、「自分に合うやり方が一番」だという結論にたどり着きました。どんなに優れたように感じる指導法であったとしても、どんなに周囲の先輩先生が上手に指導をしていたとしても、それが自分に合った方法かどうかが大事です。自分に合わないことを無理に続けることはとても大変で、最後までやり通せずに途中で方針を変えてしまえば、指導がぶれてしまいます。それは子どもにとってよくありません。

ですが、もちろん最初から「自分に合う方法」を１年間ぶれずに貫き通すのは難しいことです。まだ若く、経験の少ない間は、自分に合う方法を試行錯誤しながら少しずつ探していく時期です。裏を返せば、柔軟に色々と試してみることができる時期でもあります。

ここでは、私が今の時点で見つけた、私なりに「合った方法」をお伝えします。「あえて」という言葉が示す通り、王道の指導観ではないのかもしれませんが、私にとってはこれが「合う方法」でした。先生方の引き出しの１つになり、少しでも役立つことを願っています。

見通しと意図をもって、低い目線から組み立てる

学級経営における担任の役割は、子どもは少しずつ、時には後退してしまうこともありながらも、それでも着実に伸びていくものだと信じ、伴走することです。必要な時には前に出て積極的に指導をしたり、またある時には後ろからそっと見守るような指導をしたりすることも伴走に含まれます。ですが、その判断はとても難しいものです。どこまで見守ったら良いのか、どの場面では積極的な指導を行うべきかを悩んだ結果、その時々によって対応がぶれてしまい、指導に一貫性を欠いてしまうことも起こりえます。

また、きまりは学級にとって非常に重要です。学級みんながきまりを守り、楽しく安心して教室で過ごし、成長していくことが学級経営の理想であることは言うまでもありません。その実現のためには、一定のきまりとそれを守る環境が必要不可欠ですが、このきまり作りは案外と難しいものです。ここで一歩間違えれば、できていないことばかりが目について叱り、担任から笑顔が減っていき、そして子どもたちからも笑顔が減っていく…。そんな状況に陥ります。

課題を抱えている子が多く、前年度もなかなか落ち着かなかったと聞いていた学年を担任したある年。私は「まずはしっ

かりと規律を整えなければ」と意気込み、言葉遣いや整理整頓、時間を守ることや元気な挨拶をすること、仲間との関わり方など、たくさんのことを４月の初めから話しました。もちろん、なぜそれが必要なのかも一緒に話し、子どもたちが納得できるように伝えたつもりでした。ですが実際には、担任が一方的に設定したきまりでは子どもたちには主体感が生まれず、実態に応じていない部分もあったために、上手くいきません。きまりを守りきれない場面が出てきたらそれを指導し、また別の場面で指導をし…と、前述のような良くないサイクルに陥りました。学級の雰囲気は徐々に悪くなり、それに焦った私は叱ることを減らして良いところを褒めようと考え、きまりのラインを引き下げました。その結果、自分でも指導に迷う場面が出てきたり、子どもたちもどこが本当に守るべきラインなのかが分からなくなったりしてきました。

私はこの失敗の経験から、その後は「あえて低いところから」学級やきまりを組み立てていくようにしています。言い換えると、「教師の目線を高く上げすぎない」ということです。これを意識することで指導に迷う頻度が減り、何よりも学級や子どもたちをポジティブに見られるようになりました。もちろん、ただ単に低く見れば良いわけではなく、見通しや意図をもって実践することが大切です。順に説明していきたいと思います。

４月。まずは必ず守るべき最低限のきまりをつくる

大前提として、教師視点の「ここまで育てたい」、子どもたち視点だと「こんなクラスにしたい。そしてこんな自分になりたい」という「高い」目標をもつことは、当然とても大

切なことです。目標をもつことなく、なんとなく日々を過ごすよりも、ゴールをイメージし、それに向けて進んでいく方が良いことは間違いありません。ですがこれは、１年をかけて到達すればよいものであり、長い目で見るべきものです。中学校や高校であれば、３年と考えても良いのかもしれません。「これは長期的な目標である」という認識を、教師がもっておくことが必要です。

そのためにも、まず４月の初めにすべきは、「低い」きまりをつくることです。ここでの「低い」とは、「最低限の」という意味合いであり、「これが守られないとみんなが安心できない、みんなが楽しいと思える教室にはならない」というものです。このきまりづくりを、私は子どもたちに問いながら、対話をしながら行います。子どもたちから出る意見を基にし、そこに担任としての想いや願いを語って混ぜ合わせ、学級内で必ず守るべききまりをつくり上げます。ただし、この時点での担任としての想いや願いは、決して高い要求にならないように意識をします。最低限これは守るべき、まずは全員の共通理解にすべきだという程度のものにしておきます。

こうして担任も含めた学級全員で作ったきまりを、まずはみんなで守っていこうと確認します。そして、「みんなで作って確認したからこそ、これが守られていないときや守られていない言動に対しては、先生は注意をする。場合によれば叱るよ」とはっきりと伝え、子どもたちと共有しておきます。

この「低い」きまりを教師自身の指導の基準に設定し、これが守られなかった場合には、必ず指導をします。「学級を守るために必要な指導だ」という柱を自分の中に立てておくことで、迷うことなく指導を行うことができ、一貫性を保つことができます。また、指導が一貫しており、それが学級全体で共有したことに基づいていれば、子どもたちは指導に納得し、むしろ「きちんと叱ってくれる先生だ」という安心感にも繋がっていきます。

私はこれを、広い牧場の外周の柵に例えて子どもたちに話します。

「この○年○組という場所が、みんなが安心してのびのび過ごして成長していける、広い牧場のような場所であってほしい。でも、世界は無限に安全なわけではなく、牧場の外側には危険な場所もある。例えば崖があったり、ライオンがいたりするかもしれない。柵を越えることは、自分だけでなく、みんなの安心が脅かされるということ。だから先生は、担任としてまずはこの柵を見守り、柵の番人をします。もし越えてしまいそうになっていたら、声をかけるよ。でも、この柵はみんなを閉じ込めるための柵なのではなくて、むしろ安心して自由に過ごしていくための柵だよ。だからこそ、今みんなで話し合った『これは絶対にみんなで守らないといけないよね』という場所にある、広い柵だよ」といった具合です。

あくまでもたとえ話ではありますが、子どもたちに「自分たちの心理的安全性を守るために必要なラインがある」というイメージを伝えておきます。

低い目線から、学級のその先の高いゴールを見上げる

長期的な「高い」目標と、今日から必ず守るべき「低い」きまりがあることを確認しました。これらを混同しないように気をつけて、頭に置いておきます。

そして、日々の学級の見取りの際には、「『低い』きまりが

守られ、子どもたちが安心して過ごせているか」を教師の目線に設定しておきます。両者を混同してしまっていたり、高い目標に目線を固定しまっていたりすると、その高い目標に到達していないことが「できていないこと」としてネガティブに見えてしまいます。それは教師の性格によっては、「なぜできないのだろう」というイライラに繋がったり、「隣のクラスに比べてうちはこんなにできていない」という不安や焦りに繋がったりします。

ネガティブな、マイナスな見方に支配されてしまうと、せっかく子どもたちが自分たちなりに成長していても、その姿や軌跡が見えなくなってしまうものです。子どもたちからすると、自分たちの頑張りや成長を認めてもらえずダメなところばかりを指導される状況です。子どもたちは満たされず、この状態が続くと学級経営は苦しくなってくるでしょう。

そうではなく、最低限の絶対に守るべききまりのラインとともに、「まだ四月だからこの程度かな」「まだ○年生だからこのぐらいだろう」と、意図的に目線を低く設定しておくのです。そうすることで、それを上回る子どもの姿が見られた時に、心から褒めることができるようになります。さらに、ハードルを低く設定している分、頻繁に子どもたちはそれを上回ってきます。その結果として、子どもたちを認めたり、成長を価値づけたりする頻度を上げることができます。成長を期待しないのではなく、期待するからこそ、あえて過度な期待を頭に最初から置いておかないようにしておくのです。

数字で例えるとすれば、目線を高く90に設定すると、50に対して「目標よりも40も低い」と感じてしまい、それが70に増えたとしても「まだ20足りない」と捉えてしまいます。

ですが、目線を30に設定すると、同じ50に対して「20も良い」、それが70に増えれば「さらに20も成長した」と捉えることができる。そんなイメージです。

もちろん、高い目標をもたないわけではありません。低く設定するのはあくまでも日々の目線の話であり、3月の最後には90を目指すことは頭に置いておきます。「30程度かと思っていたら50だった。さらに20成長して70にまでなった。さて、80か90か、はたまた100か。ここからどこまで成長していけるだろう」と、下からポジティブに見上げてみるのです。

2学期。成長を共有しながら次のステップへ

夏休みの明けた2学期の初めには、必ず1学期の成長の振り返りをします。1学期の末に成長を振り返り、前向きな気もちで1学期を締めくくるのも良いのですが、子どもたちはそこから長い夏休み。きっと2学期の初めには、そのときの意欲や覚悟は薄れてしまっているでしょう。それよりも、今日から2学期が始まるというタイミングで、これまでの成長を学級でしっかりと共有することが大切です。

ここでは小さなことも含めて、学級として成長したことや頑張れたことをできるだけたくさん列挙して伝えます。とにかくたくさん伝えることで、子どもたちに「こんなにできるようになったことが増えた」「きちんと守るべきことを守れている」「自分たちは着実に成長できている」といった意識をもたせます。そしてその中で、4月に決めた最低限のルールを守ってくれている（もしくは、守ろうと意識をしてくれているとしてもかまいません）ということを強調して伝え、再度確認と共有を行います。

私はこの時には、１学期に撮っておいた写真を見せながら行います。楽しそうな表情や真剣な表情をしている写真を見せながら伝えることで、子どもたちはより「このクラスで１学期頑張ってきたな。成長できたな。楽しかったな。２学期も頑張ろう」と思えることでしょう。

このための「4月からの成長をできるだけたくさん伝えられるように整理をしておくこと」、そして「写真をセレクトしておくこと」の２つをじっくりと落ち着いて行うことに、夏休みを活用します。１学期末の慌ただしい時期よりも、夏休みを使って時間をかけて学級の現状に向き合えるという点で２学期の初めに振り返りを行うことがおすすめです。

そして、「これまでにこれだけ成長することができた。じゃあ、２学期はここをスタートにして、さらに高いレベルに成長していこう」と話します。４月から積み上げてきた成長を学級全員で共有してそれを土台とすることを確認し、ここからの成長のビジョンを描きます。30に設定していた目線を50に引き上げることを、学級全体で共有するイメージです。その引き上げは決して「先生が厳しくなる」のではなく、「自分たちが成長したから、ステージを上げることができた」と子どもたちが感じられるようにします。

２学期からの成長のビジョンについては発達段階にもよりますが、基本的には１学期は教師との縦の関係を作ること、２学期は子どもたち同士の横の関係を作っていくことを基本とすべきだと思います。

「１学期は外側の柵を先生が見守っていました。そして、みんなも柵を出ないよう気をつけてくれたから安心して過ごせる牧場になっているよね。じゃあ次は、この広い牧場をもっと楽しく、豊かな場所にするためにはどうすればいいかを考えていこう。でもこれは、柵を出ないように気をつけることよりもずっとレベルの高いことで、次のステージの話ですよ」と話をします。低学年であれば自分たちで声のかけあいでいけることかもしれませんし、高学年であれば学級委員や班長などがリーダー性を発揮できることかもしれません。

そして、これについてもやはり、「最初からできる」という前提は頭に置かず、「最初はできなくて当然。ここからできるようになることが成長だ」というマインドセットで、できているときや、やろうとする姿勢を逃さずに褒めてあげることが大切です。

このように目線は低くして、成長を子どもたちとしっかりと共有しながら少しずつボトムアップを図っていくと、子どもたちも教師も１年を通して前向きに成長を捉えることができ、それが教室に笑顔が増えることに繋がっていくのです。

さいごに。ポジティブは広がっていくと信じて

「先生、Ａさんさぁ…」。

高学年を担任していたある年のある日、放課後の教室で子どもたちと話していると、その場にはいないＡさんについてＢさんが話し始めようとしました。Ａさんは比較的幼さが残り、授業中もなかなか集中が続かず、落ち着かなかったり周囲と揉めてしまったりすることが多い子です。私は、４月当初から目線を低くしてＡさんの良い所や頑張りを認め、できるだけ学級全体の前でＡさんのことを褒めるようにしていましたが、一方で指導をしなければならない場面も多くありました。この日も専科の先生の授業で落ち着きがなく、注意を

されたと聞いていました。「Ａさんさぁ…」の後にはきっと、不満やネガティブな言葉が続くだろうと身構えます。

が、続けて出てきたのは、

「去年に比べたら良くなったよ。頑張ってるんやと思うわ」

という、予想とは異なる言葉。それを聞いて、同じくＡさんと去年同じクラスだったＣさんが、

「あー、確かに！　去年はもっといろいろあったもんな〜」

去年は違うクラスだったＤさんが、

「え？　そうなんや。じゃあ今年は頑張ってるんや」と続きます。

学級の仲間のことをあたたかく理解しようとし、ポジティブに成長を見てそれを担任に伝えようと口にし、さらにそれに自然に同意するこの子たちは立派なものだと、心の底から感心しました。90を優に超え、100をも上回る、数字には表せない出来事でした。

この姿が私の学級経営の賜物などという、おこがましいことは言えません。ですが、もしも担任として子どもたちと一緒につくってきた学級の風土が少しでも影響したのであれば、それは教師として嬉しく、幸せなことだと思っています。

見通しをもって意図的に、あえて低い目線からルールと学級を組み立てることについて紹介しました。ただ低く見るのではなく、上のゴールを見据え、その間を予測しながら見上げます。ですが時には、その予測を大きく上回るような素敵な子どもの成長を見られることがあります。良い意味で予想を裏切られるそんな時に、私はこの仕事の楽しさややりがいを感じます。若い先生方が、これからそのような場面にたくさん出合っていくことを願っています。

第5章

「タブレットのきまり」のつくり方

小池翔太

端末の「きまりづくり」。子どもから奪っていないか

コロナ禍で緊急に進められた、GIGA スクール構想から早4年。1人1台端末(以下「端末」と表記)の活用に関するきまりの多くは、端末やアカウントを貸与している自治体等が定めているのが一般的です。そのきまりが必要最低限に留められていれば、各学校や教室でも「きまりづくり」を行う余地があるでしょう。しかし、自治体等から厳しいきまりが一方的に与えられることも多くあります。

これらのきまりの目的は、子どもたちの安心・安全への配慮であるはずです。貸与した端末でネットいじめが発生した事例等を踏まえると、その配慮は必要かもしれません。

しかし、その配慮が悪影響を及ぼすこともあります。例えば、きまりを守らせることが目的化することや、端末の活用の幅や学びが狭まることが考えられます。厳しい端末のきまりを一方的に与えて子ども扱いをしてしまった結果、学習の基盤となる資質・能力の一つ、「情報活用能力」の育成を阻害してしまうと言っても過言ではないのではないでしょうか。

私は、端末の「きまりづくり」を子どもと考えることを通して、楽しい教室をつくることや多様な学びを生み出すことが実現できるのではないかと考えています。

いつでも活用できるからこそ、きまりの意義に気付ける

　それでは、端末の「きまりづくり」の主体を子どもと考えると、具体的にどのような学びを生み出せるのでしょうか。

　下の表に、私なりに端末の「きまりづくり」の例をまとめてみました。「きまりを考えることで生まれる学びの例」として示したように、端末をいつでも活用できるからこそ、その「きまりの意義」に気付けると考えています。

　「きまりを考えることで生まれる学び」をつくるには、子どもの自律心を育てることが必要です。端末が世に当たり前のように普及している現代においては、学校でこの自律心を育てる機会が必要だと考えています。

<table>
<tr><th>「きまりづくり」の例</th><th>きまりの意義の例</th><th>きまりを考えることで生まれる学びの例</th></tr>
<tr><td>休み時間に端末を使えるようにするか</td><td>運動をする機会が減ってしまうため</td><td>遊び方の自己決定を通して、健康な生活について考えられる</td></tr>
<tr><td>プログラミングサイトのゲームで遊んでよいか</td><td rowspan="3">学習のために端末を活用するという目的から外れてしまい、時間を浪費したりトラブルに巻き込まれたりするリスクが大きくなってしまうため</td><td>他者のゲーム作品を参考にして、プログラミングができる</td></tr>
<tr><td>動画共有サイトの動画を視聴してよいか</td><td>他者の動画を参考にして創作活動をすることで、表現力を身に付けられる</td></tr>
<tr><td>タイピングゲームをしてよいか</td><td>ゲーム性を活かして、楽しく文字入力スキルを身に付けられる</td></tr>
</table>

既に厳しいきまりが。自律心も心配…何から始める？

とはいえ、子どもに端末の「きまりづくり」をさせようにも自治体や学校の厳しいきまりがあり、「そもそも休み時間の端末利用が一律禁止である」等の例もあると思います。更には「すぐ端末で遊んでしまいそう」と、子どもの自律心に課題があって心配だと考える方も多いと思います。

私は、そのような厳しいきまりや子どもの自律心の課題を乗り越えて、端末の「きまりづくり」の機会を創出する戦略を何とかして見出すことが重要であると考えています。

そこで以降では、具体的に端末を活用した「① オンライン係活動」「② オンライン雑談」の２つの場面での「きまりづくり」のポイントと実践例を紹介します。表に概要を示したように、これらの場面では、既に厳しいきまりがあったり子どもの自律心に課題があったりする場合でも、端末の「きまりづくり」の実践を始めやすいはずです。

「きまりづくり」の例	きまりの意義の例	きまりを考えることで生まれる学びの例
①オンライン係活動の「きまりづくり」	タイピングが早くできるようなコツを紹介する「タイピング係」を作る	タイピングゲームは学びの機会となるゲームであるため、使ってもよいとする
	「折り紙係」が動画共有サイトを見て折り紙を作る	係活動が目的の場合は、動画共有サイトを使ってよいとする
②オンライン雑談の「きまりづくり」	家で飼育している動物の写真を、オンライン上で学級へ紹介する	保護者へ許可を得られた場合は、持ち帰った端末で情報発信をしてよいとする

①オンライン係活動の「きまりづくり」のポイント

文部科学省『特別活動においてICTを活用する際のポイント』では、特別活動の方法原理「なすことによって学ぶ」等を踏まえ、ICTの活用場面を適切に選択する重要性を指摘しています。特別活動で子ども全員に端末の活用を実質強制させる実践は、上記ポイントから外れると考えられます。

私はクラスをよりよくするための自治的な取り組みとしての係活動で、端末を子ども主体で使わせたり「きまりづくり」を考えさせたりする学習環境をデザインしました。下の画像は、小学２年生が「サッカー係」を紹介するポスターをデザインツール「Canva」で完成させて喜ぶ様子です。もちろん、ポスターは手描きでもよいとしました。

更に、コミュニケーションツール「Teams」を使って係別に投稿できる「チャネル」を作成して、学校で定められている端末の利用時間のきまりの範囲内で、いつでも投稿してよいことにしました。ここでは、２つの実践例からオンライン上での係活動の「きまりづくり」を紹介します。

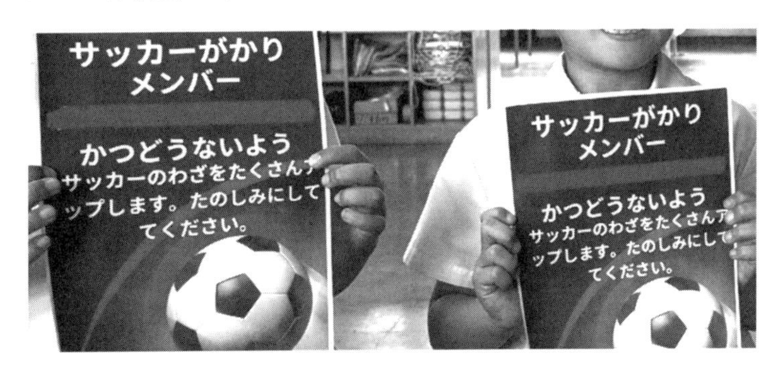

実践例１：タイピング係発足…「きまりづくり」の提案

係活動を決める場面は、端末の利用時間、アクセスできるサイト、情報の投稿先など、様々な「きまり」をどうするかを考えることができるチャンスとなります。

私が担任する小学２年生の子から、「2学期にタイピング係を作りたい！」という声が挙がりました。1学期はタイピングゲームを自分たちで見つけて選んだり、休み時間に遊んだりしていました。自治体や学校のきまりが厳しい場合は、担任が許可する形で導入するのも一つでしょう。

私の学級では厳しいきまりを設けていない分、子どもによる「きまりづくり」をどう促すかは、重要な課題となりました。具体的には、ある程度の文字入力スキルが身に付いているにもかかわらず、休み時間もずっとタイピングをする実態があったためです。そこで私から、「どんな活動をするかをTeamsで紹介したらどうか」と提案しました。その後、下の画像のように、タイピングゲームを作ったり教室（オープンスペース）で紹介したりすると投稿しました。

このように、自分たちが端末を活用してクラスをどうよりよくするかという「きまりづくり」を促すことで、端末を活用するための自律心を養うことにつながり、更に特別活動としての実践としても位置付くと考えています。

タイピングがかり

タイピングがかりのかつどうないようは、タイピングにかんするゲームをアップすることです。アップができなかったらオープンスペースでやるので、ぜひやってみってください。

実践例２：デジタルに関係ない係も「きまりづくり」

デジタルに関係ない係も、端末やオンラインを活用することで活動の幅が大きく広がります。例えばサッカー係の子は、休み時間にサッカーをしようと学級に呼びかけるだけでなく、コツの実況動画やクイズを投稿していました。端末で動画を撮るきまりは「人の顔が映り込むものを撮らない」「事前に許可をもらう」等が考えられますが、そのようなきまりを確認する機会にもなりました。クイズもいつでも答えられるとなると、利用時間のきまりを踏まえる必要もあります。

下の画像は、サッカーに関するクイズを学級の友達とTeams上でどう楽しむかを、子どもなりに「きまりづくり」した様子です。３択クイズにして、コメント欄に３人回答が来たら、正解を発表するというきまりにしていました。各種ツールによってクイズの出し方や答え方は様々ありますし、このTeamsでもスタンプ機能を活用することが可能です。子どもなりに納得のいくきまりを見つけて、そのきまりを他の子どもも守ることで、多くの子どもたちに多様な力が身に付いてきているという手応えを感じています。

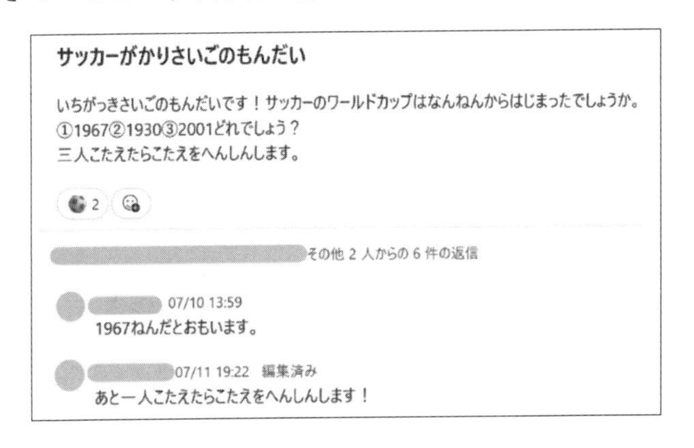

②オンライン雑談の「きまりづくり」のポイント

コロナ禍の一斉休校期間、多くの学校で子どもたちは、自宅からオンラインで学級の子どもたちと関わることができました。私はコロナが終息しても、教室で子どもたちが何気ない雑談をして学ぶ空間をオンラインでも実現できないかと考えました。大人がSNSを使う感覚と同じように、子どもも教室に登校していても、何気ない写真や動画を友達に見せたいこと等があると考えられるはずです。

そこで、いつでも会話できる雑談用のチャネルをTeamsで作りました。しかし最低限のきまりは必要だと考え、2年生の担任の時には下の画像のような投稿をしました。6年生の担任の時には、「必要に応じてきまりを提案してよい」と伝えました。担任も時に雑談の場に混ざることで、模範的に使い方を示したり、子どもと共に楽しい教室をオンラインでもつくったりできました。ここでは、2・6年生のエピソードから「きまりづくり」に関する事例を紹介します。

小池 翔太 04/16 13:35 編集済み

おしゃべりチャネルのルール

R6_2年2組のみなさん、「おしゃべりチャネル」は、クラスのみんなが、なかよくなるためにつかうものです。つぎのルールをまもりましょうね。

・じゅぎょう中・あさがくしゅうでは、つかいません。
・人をきずつけたり、おふざけをしたりするのは、やめましょう。
・ときどき先生(とこたくん)も おしゃべりの なかまに入れてください

実践例１：言い合いが見られた場合の「きまりづくり」

オンラインでの雑談の場に限りませんが、端末で子どもたちが情報発信をする場合には、しばしば言い合いのようになってしまうことがあります。子ども故に、素直に思ったことを投稿してしまうのは仕方がないことかもしれません。しかし、学校であれば直接教室で顔を合わせることができるので、教師が介入して指導することが可能です。

下の画像は、生活科で育てて収穫したきゅうりを家で料理することを、「おしゃべりチャネル」に画像付きで投稿した際の一部です。「おうきいきゅうり」と投稿した子に対して、3日後にその誤字を別の子が投稿で指摘しています。

この時には特に言い合いは見られませんでしたが、「きまりづくり」をするかどうか、学級で確認することのできるチャンスであると考えられます。投稿前に誤字がないか確認すること、他人の誤字を見つけたら直接会って指摘すること、文意がわかる誤字は細かく指摘しないこと…等の様々なきまりが考えられます。これらをきまりとして位置付けてしまうときまりを守らせることが目的化してしまうため、子どもたちの自律心に委ねることにしました。その後、該当児童が同様の投稿をする姿は見られませんでした。学級全体としても、「間違いがあったら（書き込みをせず）直接お話しようよ」という空気が醸成されました。

実践例２：
「『あけおめ』を投稿したい」…子どもと教師の葛藤

６年生の雑談チャネルをめぐって、ある子から相談を受けました。「どうしても１月１日の日付が変わった瞬間の０時00分に、雑談チャネルで学級の皆に新年の挨拶をしたい」とのことでした。学校で決められたSNSルールでは「終了時刻は22時まで」としていたため、本来であればルール違反です。担任である私の立場としては、当然良いとは言えませんでした。しかし、心の中では「家庭の端末で送る人は送るだろうし、学級の中で年に１回そんな関わりがあっても、悪くはないのかな…」と思っていました。そして私は「利用時間のきまりがあるから、良いとは言えない」という回答をしました。「きまりでダメということになっているからダメ」と子どもに断定してしまっては信頼関係が崩れてしまうと考えて、少し端切れの悪い回答をしました。

結果的にその子は、自分の意思で１月１日の新年に、投稿をしていました。他の子からは「あけおめです♪」という返信１つと、「いいね」スタンプが11件のみで、何かやり取りが続いたりルール違反を咎めたりすることはありませんでした。私も、何か言うことはしませんでした。

端末の活用の幅が広がると、このような葛藤や矛盾も必ず起こります。その葛藤や矛盾を教師だけが引き受けることなく、子どもも引き受けられるとよいと考えました。

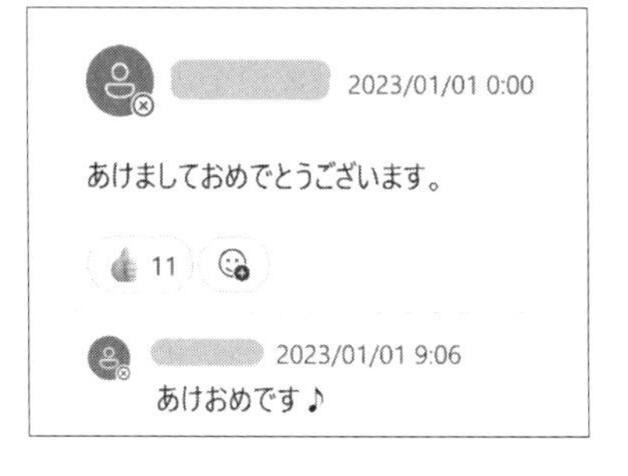

「転ばぬ先の杖」から「転んだ時の支え」へ

係活動と雑談をオンラインで行うことで、数々の「きまりづくり」をする機会が生まれました。必ずしもきまりをつくる必要はないという結果もありましたし、きまりをめぐっての葛藤を味わうこともありました。本書の執筆時点ではGIGA スクール構想の第２期の更新が進んでおり、様々な矛盾や葛藤が教室でも生まれることが予想されます。

私は子どもたちが試行錯誤しながら学ぶ姿を目の当たりにして、教師は「転ばぬ先の杖」ではなく、「転んだ時の支え」という心構えで端末のきまりを子どもとつくることが必要だと感じています。子どもが転ばないようにと、どんなに自治体や学校が端末の「きまりづくり」を尽くしても、子どもはきっと使い方をめぐって失敗することでしょう。

教師の立場としては、子どもが転んでしまった時にすぐ支えてあげて、学びとして価値付けられるようにすることが求められるはずです。

少しでも多くの子どもたちが端末の「きまりづくり」を考えていくことを通して、多様な学びとコミュニケーションが教室中に広がっていけばと願っています。

【参考文献】
小池翔太（2023）「『拡張する学校』に基づいた小学校特別活動における１人１台端末を活用した実践の検討」、『千葉大学大学院人文公共学府研究プロジェクト報告書第 380 集』、pp.11-20
小池翔太（2024）「１人１台端末上での非同期な雑談を通したメディア・リテラシーの育成」、『学習情報研究 2024 年 11 月号』、印刷中
坂本旬ほか（2020）「デジタル・シティズンシップ：コンピュータ１人１台時代の善き使い手をめざす学び」、大月書店

第6章

あえて「もめさせる」納得解で教室を楽しく

山田航大

そもそも、きまりってどういうもの？

きまりは、組織を運営する上で切っても切り離せないものです。1つのチームをまとめていくために皆が理解することで、進むべき方向がはっきりと見えてきます。ただし、方針ときまりは異なるもの。方針は、組織を導く方向性です。一方、きまりには一定の拘束力のようなものが働くことになります。分かりやすい例で言うと、法律も1つのきまりであると言えるでしょう。法律に反する行動をとった場合には、罰則が科せられることになりますよね。つまり、「きまりは守らないといけない」という考えが働くわけです。

納得解を目指した子ども主体のきまりづくり

子どもたちによるきまりづくりにおいて、納得解を作っていくのは子どもたちになります。

当然ですが、子どもたちによるきまりづくりは、教師が示すきまりづくりよりも難しいですし、すぐにできるものでもありません。「子どもたちに任せればいい」という考え方が先行し過ぎると、それはかえって混乱を招く結果になることも十分に考えられます。子どもが主体となって何かを決めることには、それだけステップが必要だということです。

難しいとはいえ、教師が意味づけをしっかりと提示していれば、子どもたちがきまりを考えるときに「きまりが必要かどうか」「どんなきまりだったら、皆が納得できるか」といった視点をもつことができると思います。

子どもたちが主体的にきまりを考えるときに大切だと考えているのは、「もめさせること」

驚かれるかもしれませんが、あえて「もめさせる」のです。教師が作ったきまりの内容については、子どもたち同士でもめる機会はほとんどないと思いますが、子どもたちが決めるときにはそういうわけにもいきません。むしろ、そうした機会を作ってあげることの方が重要だと捉えています。

では、もめることにどのような意味があるのでしょうか。

「全員が満場一致で納得できるものがいつも生まれるとは限らない」ということを実感させる

一見、スムーズに決める方が良さそうに思えるかもしれませんが、多数決は納得解を生み出すための方法としては少し淡泊過ぎると思っています。自分が思っていたようなきまりにならなかった子がいたとしても、その子が「それなら大丈夫かな」と思えるような話し合いを重ねていくことで、より強い納得解が生まれていきます。いつも上手くいくことばかりを経験している子たちの集団は、いざという時にまとまりに欠けてしまいます。

「もめさせる」ことをねらいの１つとして教師が想定して

おくことによって、納得解を作り出せる集団になっていきます。ですから、1年間を見通して「いつ」「どのように」もめそうな状況を作るのかを計画することが大切です。これは教師としての力量が問われることだと思いますが、学級経営の年間計画の1つとして捉えてもらうと良いと思います。

納得できていれば、必ずまた戻って来ることができる

私が「納得解」というものを軸にしてきまりづくりをする大切さを伝えているのには、大きな理由があります。

> 「納得していれば、きまりから外れてしまった時にでも、また元の状態に戻ってくることができる」

学級経営をしている中で、クラス全体の雰囲気が悪くなっていく経験をしたことがある方も少なくないのではないでしょうか。そんな時、学級の中で決めたきまりは、大抵意味をなさなくなっていきます。もしくは、持続しなくなっていきます。こうした状況が続いて悪化していくと、最終的には学級崩壊というところにまで行き着いてしまうわけです。また、そこまでいかなくても、元々あったはずのきまりが守られなくなっていく時期は起こります。

しかし、そういう状況になったとしても、納得した上で生まれたきまりであれば、子どもたちは必ずまた元の状態に戻ってくることができるのです。これは、教師が示したきまりであっても、子どもたち同士で決めたきまりであっても同じことが言えると思っています。

子どもたちに必要なものは、何かあった時に戻ってくるこ

とができる場所だと、私は強く感じています。安心する場所と言っても良いのかもしれません。大人になった皆さんが、思い出深い場所に行くと少し安心するという感覚ってありませんか？　まさにそんな感じです。何かあっても、もう一度戻ってきたらまた立て直すことができるという安心感はどんな場面においても自分を正してくれるものになるはずです。学級経営においてもそういう仕組みをつくっておくことは、やはり必要です。教師の指導に一貫性がないと子どもたちが不安定になるのは、そうした仕組みができ上がっていない証拠であるとも思います。

「納得解」という言葉でまとめているのは、「子どもたちが戻ってくることができるもの」という意味も込められているのだと理解していただきたいです。

意味づけが納得へとつながる

意味づけをはっきりさせることは、子どもたちがきまりを守る必要性を感じるためにも欠かせないものです。きまりを守っていない子が出てきた時には、指導することになるでしょう。だからこそ、意味づけは「納得解」に直結すると考えています。これがなければ、仮に子どもが指導される場面になった時に、子どもたちが納得できない状態になってしまいかねないからです。

意味づけをする際には、１つひとつのきまりについて丁寧に伝えていく必要があります。

【意味づけの例】

①「暴力はダメ」。その理由は？
　暴力によって解決できるわけではなく、互いに傷つくことにつながる。「ごめんなさい」ではすまないことがあるけれど、暴力はその一つ。社会全体でも許されていないし、法律でも罰せられることになるのは、皆も知っている通り。だからこそ、学校生活の中でも絶対に許されない。

②どうして片付けが必要なの？
（1）美しい場所にごみをポイ捨てすると罪悪感が生まれるものだが、右下の写真のようにごみがたくさんある場所にごみを捨ててもあまり罪悪感を感じないことがある。環境を整えることが治安の安定につながったことを受け、１つの乱れが全体の乱れにつながることを示す「割れ窓理論（ブロークンウィンドウ理論）」もある。このことからも、片付けをして教室環境を整えることは大切であることがわかる。
（2）見えるものを整えると、目には見えない心を整えることにつながる。見えているものが整っていないのに、見えていない心が整うことはない。

　このように、教師が示すきまりについては、子どもたちが納得した形で行動に移すように伝えることを心がけるようにすると良いと考えています。
　「きまりづくり」は、学級経営において必ず考えることになるはずです。では皆さんは、担任として学級という組織を経営するために、どのようなきまりをつくりますか。授業でのきまり、休み時間のきまり、給食時間のきまりなど、きまりだけでもたくさんの種類があると思います。それだけたくさんのきまりがある中で、そもそも何のために新しいきまりをつくる必要があるのでしょうか。

これについての「解」を教師自身が持っておくことは、とても重要です。

きまりの必要性に関する「解」の紹介

私が考える解は、以下の２つです。

①皆が気持ちよく過ごすため

AI に尋ねてみても、この内容の返答が返ってきました。誰もが気持ちよく過ごすためには、一定のレールを用意しておくことが必要です。それは、「誰かが傷ついても仕方ない」とならないようにするべきだからです。傷つく人が出てこないようにするためや皆が気持ちよく過ごせるようにするためにきまりがあることを、子どもたちにも伝えていかなければいけません。

②必要なきまりを考えられるようになるため

世の中にはきまりがたくさんありますが、場所によってきまりが異なる場合があります。学校によって多少きまりが異なるのも、その一つです。そんなとき、「そのきまりは本当に今の状況に必要なのかどうか」「今必要なきまりは何なのか」を考えられる力は欠かせません。「とりあえず作っておけばいいかな」と作られたきまりは次第に守られなくなっていき、単なる飾りで終わってしまいかねないからです。
例えば、子どもたちの話の中で出てくるこんな場面。

C1：教室環境を整えるために、名札やぞうきんを片付ける場所って決まっているけれど、自分で持っていても良いと思う。
C2：皆で同じにする方が分かりやすくないかな？
C3：個人で管理できるようになってきていて、自分で持っている人もたくさんいるから、それぞれが分かれば大丈夫だと思うよ。

「皆が同じ場所に片付ける必要ってあるのかな？」という考えを引き出しながら、その必要性を考えさせ、きまりとして残しておくのかどうかを話し合うようにします。たったこれだけでも、自分たちにとって必要かどうかを判断する練習になっていくと思います。そうした経験をする中で、「このきまりがなくても自分たちでできそうだ」「もっとこんなきまりが必要なのではないか」といった議論をするような場につなげることを目指していくと良いでしょう。

きまりを変えることを否定しない

一度決めたきまりを変えたことはありますか？　それとも、一度決めたのだから何がなんでも絶対に変えませんか？
どんなきまりもすぐに何度も変えるというのは、軸が定まっていない証拠であるとともに、「何でも言えば変えられる」と子どもたちに感じさせてしまうことにもなりかねません。ですから、変えない方が良いきまりもあることは理解しておくべきです。
一方で、決まったきまりは絶対に変えてはいけないという見方も少し違うと思っています。特に子どもたちが主体となって決めたものは、試行錯誤のような期間もあると想定できるからです。ただし、きまりを変えるために必要なプロセスを通していくべきだと思います。具体的には、以下の３点を確認することです。

①なぜ、今のきまりを変える必要があるのか ②今のきまりを変えることによるメリットは何なのか ③きまりを変えることに納得できているかどうか

①においては、そもそもなぜ変える必要があるのかをクラス全体で確認する必要があります。一部の人が、「自分に都合が悪いから変えたい」と考えている程度なのであれば、きまりを変えることには至らないでしょうし、そうしたことを防ぐためにもはっきりとした理由を確認するプロセスは必要になってきます。

②においては、変えることによるプラス面がなければ、変えようとはならないはずです。マイナス面しか見えない状態では変える意味もありませんし、今のままで十分だという考えにもなっていきます。ですから、プラス面を挙げながらマイナス面と比較していくことが大切です。

③が、納得解に結び付くプロセスになります。ここは子どもが主体であるとはいえ、教師も状況を見定めながらサポートが必要になる場面だと思います。「それなら今回はそうしてみようかな」と子どもに思わせるようにフォローするべきですし、無理やり押し付けることのないように注意したいも

のです。

子どもたちが主体となって決めていく段階になると、納得するにはそれ相応の時間がかかることを念頭においておくべきです。しかし、それは集団としてのレベルが上がっている証拠です。教師としての立ち位置も考えながら、クラス内でのきまりを考えると良いと思います。

トップダウン→ボトムアップ

ここまで、「納得解」をテーマにしたきまりづくりについてお伝えしてきました。まずやるべきことは、「トップダウン」を通した納得解を見つけることです。これは、教師が示すきまりにに対する納得解です。ボトムアップが先だとダメだというわけではありませんが、それはとても難しいことだと理解しておくべきです。「子どもたちが主体となって決めたら良いのだ」という考えが先行しすぎるあまり、何もかも最初から子どもたちにさせるやり方は、かえって混乱を招きかねません。

「ボトムアップ」という仕組みは組織全体の中で必要なものだと思いますし、全て「トップダウン」でやるというのは主体的な活動にはつながらないのかもしれません。しかし、いざ子どもたちが主体となった時には、きまりとはどういうものなのかを理解した上で建設的な議論ができるようにしておいてあげる必要があります。それを怠ればやりたいことや言いたいことをとにかく言ってしまうだけになり、納得解につなげることは難しいでしょう。

「なぜこんなきまりなんだ」という感情ばかりであれば、それが守られるわけがありませんし、不満が募る一方です。

だからこそ、教室という場が「安心できる」「楽しい」と思える場所であるために、色んな方法を通した「納得解」を探すことを忘れないようにしてほしいものです。それにより、子どもたちの笑顔が溢れる教室が増えていくことを願っています。

【きまりづくりにおけるポイントのまとめ】

・あえてもめさせることで納得解を探っていく。
・もめたことにも価値づけをすることで納得へとつなげる。
・きまりを示すときには意味づけもセットにする。
・トップダウン→ボトムアップの順で考える。
・きまりを変えるときには理由をはっきりとさせる。

第7章

信頼関係を築く「考動」ベースの任せ方

藤井 海

「先生がやることって、何を考えてるんかわかりやすいねん」

ある年の卒業生に言われた言葉です。一瞬ドキッとしますよね。しかし、この言葉の意味をどう捉えるかで、読者の「先生と生徒の関係性のあり方」が見えてくるのではないでしょうか。ハラハラ・ドキドキの中1ギャップを抱える1年生。学校生活に慣れて中だるみしがちな2年生。受験と卒業を前に浮き足立つ3年生。義務教育最後のこの3年間は、生徒にとっても教師にとってもあっという間に過ぎていきます。小学校とは違い、中学校では担任として授業をする機会は、学活などを含めても週に5～6回程度です。そんな限られた時間の中で、生徒を細かく把握するのは決して容易ではありません。もちろん、一人で全てを把握しようとするのではなく、学年全体や学校全体で生徒の様子を見守ることが大切です。

中学校の担任として、楽しい教室をどのように作り上げていくか。それは、教室内外でどれだけ生徒と信頼関係を築けるかにかかっています。

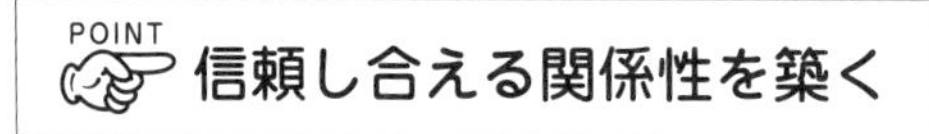

では、担任と生徒の間に信頼できる関係が構築されていると言える状態とは、どのようなものでしょうか。私は、それを「生徒に『良い任せ方』ができている状態」だと考えています。そうなんです。信頼関係を築くためのキーワードは、「任せる」ことなのです。では、何を、どう任せれば良いのでしょうか。何から始めるべきなのでしょうか。そもそも「生徒を信頼する」とは何なのでしょうか、そして「生徒に信頼してもらう」とはどういうことなのでしょうか。いくつかの要素に分けて、お伝えしていきたいと思います。

自分で考えて、自分で動く「考動」

私は、この「考えて動く『考動』」という言葉を、初任の学校で校長先生から教わりました。先生だろうと生徒だろうと関係なく、今何をすべきかを自分で考え、自らの足で動いて取り組む。生徒を一人の「大人」として扱い、自らの判断で行動できる人に育てることを目指す。この「考動」という言葉に私は深く感銘を受け、今でも担任として部活顧問として、生徒たちに伝え続けています。この言葉は、「何をどう任せるのか」という問いに直結します。『中学校学習指導要領 特別活動編』には、次ページ枠内のような目標が設定されています。

ここでは (1)～(3) の資質・能力を育成することを目標としており、「様々な集団活動に自主的、実践的に取り組み」とあるように、生徒自身が実際に行動することが前提とされています。自主的に取り組むためには、生徒自らが「今はこういうことが必要だな」「こう行動すべきだな」と考える必要があります。また、実践的に取り組むためには、道徳の授業やケーススタディだけでなく、日常生活で直面する様々な出来事に対して「考動」することが求められます。学校・学年・学級のルールやきまりを守ることはもちろんですが、「一般常識」や「暗黙の了解」といった言語化されていないものを感じ取り、認識して行動するためには、やはり教師が敷いたレールに沿って進むのではなく、それぞれの生徒が自ら考え、任された役割や課題に対して主体的に取り組む力が必要です。

> **集団や社会の形成者としての見方・考え方を働かせ，様々な集団活動に自主的，実践的に取り組み，互いのよさや可能性を発揮しながら集団や自己の生活上の課題を解決することを通して，次のとおり資質・能力を育成することを目指す。**
>
> **(1) 多様な他者と協働する様々な集団活動の意義や活動を行う上で必要となることについて理解し，行動の仕方を身に付けるようにする。**
>
> **(2) 集団や自己の生活，人間関係の課題を見いだし，解決するために話し合い，合意形成を図ったり，意思決定したりすることができるようにする。**
>
> **(3) 自主的，実践的な集団活動を通して身に付けたことを生かして，集団や社会における生活及び人間関係をよりよく形成するとともに，人間としての生き方についての考えを深め，自己実現を図ろうとする態度を養う。**

では、具体的にはどう任せれば良いのでしょうか。ここでは、４つの視点から「任せる」について考えていきます。

①「これなら自分たちでやれそう」な仕組みをつくる

学級内で「任せる」といえば、多くの方が「係・委員会活動」を思い浮かべるかもしれません。皆さんの学校では、どのようなものがありますか？　地域や学校によって異なるかもしれませんが、教科係や学習委員、美化委員、保健委員、学級代表などが一般的でしょう。これらの役割は、「図書の貸し出し担当に行くのを忘れた」などのことが起こるような、比較的軽い内容が多いと思います。そのために、「私は本当に任されたんだ」という感覚にはなりにくいのではないでしょうか。自主的に考動している実感がないからです。そこで提案です。

従来の係活動・役割をアップデートしてみませんか

もちろん、これは１年生からできることではありません。１年生では「小学校とは違う文化に慣れ、習慣化させる」ことが必要ですし、２年生では「役割の優先順位を考え、取捨選択をする」ことが重要になります。しかし、３年生ともなれば、「本当に必要なことは何か」「良い学級にするためには何が必要か」といった、より実践的な思考ができるようになります。教師が柔軟に仕組みを作り変えるマインドを持ち、思考や行動の余白を生徒に与えることが大切です。さらには、ICT を活用することで、生徒自身が学級の仕組みや役割を変えることができるようになります。

例えば、私は毎日の朝の連絡を口頭ではなく、Microsoft Office365 の「OneNote」を使って集約し、生徒と情報を共有していました。しかしある日、学級の役割を生徒と考えている際に、「OneNote での集約は生徒にもできるし、授業の連絡も自分たちの方がよく把握している」という意見が生徒から出たのです。そこで、先生と生徒が共同で編集できるシステムに変更しました。このときに「いや、朝の連絡は先生がやるからいいよ」と言っていたら、生徒が自主的に動くシステムにはならなかったでしょう。教室に掲示されているプリントも、生徒がPDF化アプリを使って写真をPDFに変換し、共有してくれました。

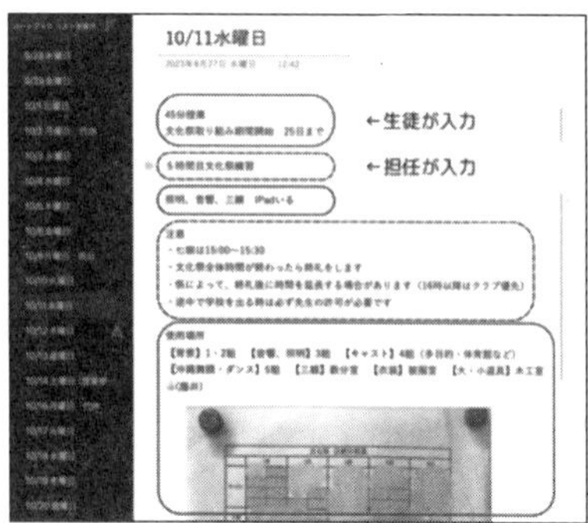

☆ページ作成や基本の情報も生徒が作成！　担任も書き込みます！☆

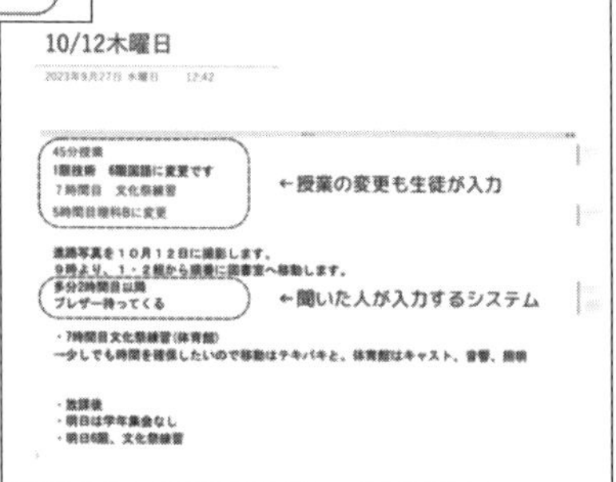

☆一度学校ページを作っておけば、あとは写真を撮るだけでOK☆

さらに３年生になると、高校関連のプリントが毎日のように配布されます。オープンキャンパス情報を進路担当や担任がまとめることもありましたが、ある生徒が「写真を撮るだけでいいやん、先生」と言ってくれたことがきっかけで、生徒自身が情報を管理する役割を担うようになりました。このように生徒と話し合いの場を設け､ふとしたタイミングで「任せる」ことができると、他の場面でも「これは自分たちでできそうだ」と考える力が育まれていきます。

POINT 生徒と話して「これは自分たちでやれそう」を探させる。

②「信頼してる」「頼りにしてる」を口に出す

教師１年目の頃､私はとにかく「立派な先生でありたい」「頼られる存在になりたい」と思い、様々なことに取り組んでいました。生徒の言動に注意を払い、不適切な言動はすぐに注意し、わかりやすい授業を心がけていましたが、生徒はなかなか心を開いてくれませんでした。そんな中、２年目には副担任として同じ学年に所属することになり、そこで担任の先生が生徒にかけていた言葉の数々に、私は大きな影響を受けました。

「ごめんな、頼むわな」「いっつも助かるわ。ありがとう」

その先生は、成績が良い生徒にも、少しヤンチャな生徒にも､「あなたを信頼している」「助かっている」というメッセージを常に伝えていました。この姿を見て、私は「ただ授業をわかりやすくするだけでは、信頼関係は築けないんだ」と気づかされました。
どの教師にも、「担任として上手くコミュニケーションが取れない生徒」はいるものです。そんなとき、その生徒と関わりがある別の生徒に、「次の時間はこんなことをするから、もしあの子が困っていたら少し声をかけてあげてほしい」と頼むことがあるでしょう。その際には、少し大袈裟にでも「頼むね。あなたのこと、すごく信頼しているんだよ」と伝えてみてください。言葉にして声に出すことで、信頼のメッセージはより強く相手に伝わります。関西弁でなくとも、しっかりと気持ちを込めて伝えることが大切です。

> POINT **恋愛と同じ。声に出さないと、相手に伝わらないよ。**

③舞台裏をあえて見せる

「舞台裏」を見せるとは、表である「劇」の裏側を見せることです。ここでいう「劇」が指すものは、学年や状況によって様々です。委員会や係を決める学級会もそうですし、私は席替えの際、班長を立候補で募って「班長会議」を開いていたので、そのような場面も「劇」にあたります。②で紹介したように、あえて口に出して言葉をかける場面も、一種の「劇」だと言えるでしょう。学級全体や生徒に対して怒っている場面も含め、教師が取る行動は意図的にデザインされた「劇」であるべきです。この劇の中で「仕掛けられた伏線」を用意し、あえてその様子を特定の生徒に見せるのです。ただし、これは誰にでも見せていいわけではありません。
例えば、叱った生徒を後で呼び出して、「感情で話していたのではなくて、こういう意味があったんだ。成長を期待しているんだよ」と伝えることがあります。その生徒はおそらく、安堵の表情を見せるでしょう。しかし、もし「よく叱られている生徒」がその様子を見たら、どう感じるでしょうか。もちろん、その生徒にとって悪い影響ばかりではありませんが、事後指導の様子をあえて見せるのは、「一挙手一投足が学級の雰囲気を左右する」ような生徒です。課題がある生徒へのアプローチ方法を暗に共有することで、デザインされた「成長へのステップ」を示すことができるのです。さらに、この過程で「生徒愛」を感じてもらうことができれば、一気に状況が良くなります。このときのポイントは、呼ぶタイミング、声の掛け方、話す声の大きさ、呼ぶ人数など、細かな要素に注意を払うことです。これについては、生徒から信頼されている先輩教員の言動をよく観察することが、最も学びになるでしょう。

④「演出」していることを生徒に「悟らせる」

最後は、これまでの「劇」「デザインされた指導」とつながる視点です。これまで述べてきたような、生徒に裏側を見せるパフォーマンスにおいて、「これはパフォーマンスなんだ。意図的なんだ」と生徒に気づかせることが大切です。担任の行動の意図が分かり、言動の意味に気づくようになると、生徒たちは「ウチの担任はこういう人だよ」と語ることができるようになります。この「先生のこと、私たちも分かっているよ」と感じさせるパフォーマンスを、担任は意識すべきです。

あるとき、私のクラスで授業に先生が来なかったことがありましたが、生徒たちは１時間ずっと誰も職員室に呼びに行かず、皆で喋って過ごしていました。もちろん、授業担当の教師が忘れていたことは大問題です。ですが、時間割変更などで授業があることを忘れてしまうことはあり得ます。私は別のクラスで授業をしていたのですが、呼びに来なかったことを聞いて、次の時間に少し語勢を強めて、クラス全体にこう声をかけました。

「授業に来なかった先生が悪いのは、百も承知です。でも、あなたたちはなぜ誰も動かなかった？　動こうとした人もいたはず。それなのに、結果的にどうしてこうなった？　これまで話してきた『考動』の意識を持てていなかったことが、本当に残念ですし、悔しい」。

こんなに堅苦しくは話していませんが（笑）。

私は普段から怒鳴ったり、感情を前面に出して怒ったりはしません。だからこそ、この何気ない日常の出来事を「クラスで大切にしていることを再認識するチャンスだ」と捉え、あえてこのタイミングで話をしました。この後、生徒たちと談笑していると、「先生、あの時に怒ったの絶対わざとやん」「呼びに行こうとした人おったのに、止められたの知ってて言うたやろ」と言われました。はぐらかしつつも、内心では気づいてくれたことに喜んでいました。このとき改めて感じたのは、先生が意図的に行動し、生徒がそれを理解できるくらいにわかりやすく示すことで、担任の思いや願いが生徒に

> POINT **舞台裏を見せると、役者の意図に気づくことができる。**

伝わりやすくなるということです。

　ここまでお読みいただいて、気づいた方もいらっしゃると思います。そう、担任の先生自身が「考動」していないと、良い学級経営はできないのです。担任が楽しい人だから、「楽しいクラス」になるのではありません。担任も含めて自分たちで作るからこそ、「楽しいクラス」になるのです。担任がしっかりと考え、デザインした「考動ベースの任せ方」であれば、担任と生徒とのコミュニケーションは増え、自然と「これは自分でやろう」と生徒たちが動いてくれるようになるでしょう。

　簡単なことからで構いません。教室の清掃など、手軽なことから始めてみましょう。「良い学級を作ろう！」「良い担任でいよう！」と意気込まずに、まずは何か一つ、生徒に「任せてみる」ことにチャレンジしてみてください。粘り強く、生徒を信頼していれば、きっと上手くいきます。

　最後に。私が尊敬する国語科の大家である大村はま先生の言葉で締めたいと思います。

> 「ことばを育てることは　こころを育てることである
> 　人を育てることである　教育そのものである」

第8章

和のない所にいい仕事は生まれない
～和力の大切さ～

安野奈美子

教員として柱となる言葉をもて

若い頃の私は自分の判断に自信が持てず、印刷室で泣くこともありました。その当時助けてくれたのは、やはり同じ職員室の同僚、学年の仲間でした。私には教員人生で恩人に当たる学年主任がおり、その人に言われた言葉があります。「教員として柱となる言葉を持て」と。自分が伝えたい言葉を持て。残すのはテクニックじゃない。人を残せ、と。「熱く、濃く、さわやかに」「大人のものさし」「真っ赤なリンゴ」はこの学年主任の先生自身の言葉です。

その時の私は、まだ心にそのような柱となる言葉を持っていませんでした。ぐいぐい背中を押すような、そんな言葉をさがしていたように思います。主任は男にも女にも、もちろん子どもたちにも話しかける人で、それは人柄でもありますが、関係性を作る技の1つでもありました。常に学年の教員に、そして学年の子どもたちにかけていた言葉が、「和のない所にいい仕事は生まれない」です。

あなたは、教室と職員室の往復で何人の先生に声をかけていますか？　今、学校現場では先生たちが不足しています。この本を手にしているあなたは、きっと「何とかしたい」という思いで日々、目の前にいる子どもたちと向き合っているのでしょう。それだけで素晴らしいことです。そして、その姿を実際に共有している先生たちとの関係をよくすることが、クラス経営の不安を和らげるためにまずできる方法です。

あなたの周り半径５mに味方を増やそう

私は生徒に言っています。「隣の友達が笑っているからといって、心から笑っているわけではないかもしれないと考える想像力をもて」と。傷ついて、悔しくて、でも、それを見せたくなくて笑顔を作っているのかもしれないと。

中学生は、言葉や表情が真実ではないことがあります。「あの子は笑ってるから大丈夫！」ではなく、「笑ってるけど大丈夫？」と、その奥にあるだろう感情を想像して接することを忘れてはいけません。いい子だと思っているあの子は、いい子でいられるように、頑張っているのかも。

様々な、やってみると良いマニュアルはありますが、ちょっと待って。投げかけた子たちの反応は、一人ひとり事情が違って起こっているはず。私には見せない表情を、他の教科の先生たちはつかんでいるはずなんです。それが共有できたら生徒理解が進んで、少し気もちが楽になるでしょう。相談、確認すればまた進めます。大丈夫。

スキルは後天的に身につけていくもの。
人の気持ちは分からないけれど、
分かろうとすることはできる。
分かろうとしてくれる人に
わかるように伝えることはできる。
知らず知らず、どのように聞くか、

態度は自分で選んでいる。態度は自分で選べる。

①副担の先生に伝えよう！「いつもありがとう」

帰りの会等で急にお便りを配布することになり、副担任の先生が教室まで届けてくれることがあります。廊下からそっと感じる視線をキャッチしたら、子どもたちに見せつけるチャンス到来！　必要以上に明るい声で、「あ！〇〇先生どうしました？」「こちら配布をお願いします」「わかりました！ありがとうございます」と言って受け取ります。

他の人に「ありがとう」と言っている人が登場するビデオを視聴させると、そのあとで自分も善意のある行動をとりやすくなることが実験で確認されています。これを「目撃者効果」と心理学では呼ぶそうです。自分の担任の先生が他の先生に対して親切にしているのを見ると、子どもたちも感化されて、やはり人に親切にするようになります。そしてもう一押し！　その先生がいなくなってから、「A先生、いつもこういう縁の下の力持ち的な仕事をしてくれてるんだよ。例えばこの前だってさ」というように、本人がいないところで、子どもたちに関わってくださっている先生に感謝を伝えるのです。これは【陰ぼめ作戦！】といいます。この効果は、A先生と関わる子どもたち自身の新たな気付きを促します。

まわりまわって「担任の先生がA先生のことほめていたよ」と伝わることも想定済み。だから、A先生も嬉しい。そしてA先生も、知らず知らずのうちにそのクラスの生徒たちが好きになってしまうという好循環を生みやすいです。

私は、「見えないものが見えるようになろう」と声をかけています。自分たちが当たり前のように手にしているものの裏には、誰かの思いがある。自分がしていないことは、必ず誰かがそれを代わりにやってくれている。それは、何気なく渡されるプリントも、５分で読めるものが５分でできているわけではないということへの想像力、特に縁の下の力持ち的行動等への感謝を促します。学校生活には、行事の前後や係活動等で、子どもたち自身にその価値観を返していける場面が必ずあります。その時のための種まきでもあります。

②この生徒が気になる！　相談したい！　そんな時

クラス替え直後などには、担任にとってはなぜだか気になるという生徒が登場します。遠慮せず、先生同士の話題にしてください。しかし、空き時間に学年主任に相談しようと思っても、主任がそのクラスの授業に入っておらず、具体的な生徒の様子を把握しづらいということもあるでしょう。そんな時におすすめなのが、【お手伝い大作戦！】です。

教室で担任は、何気なく気になる生徒の近くへ行き、「ごめん、近くにいたから頼むんだけど、これを職員室にいる学年主任の○○先生に届けてくれないかな」と声をかけます。ポイントは、事前に学年主任にその子のどういう点が気になるのかを相談しておくことです。

できれば、この時間にこういったねらいで行かせるから、時間は大丈夫かどうかも尋ねておくとよいでしょう。また、「1人ではなく、誰か友人を誘って行っていいよ」と言って複数で向かわせると、その子が誰を誘うのか、友達の前ではどういうやりとりをするのかを確認しやすいですし、複数の方が雑談にもつながり、情報を得やすくなります。なによりこの作戦は、あくまでも【お手伝い】ということですから、担任からも学年主任からもこの子に「ありがとう」と声をかけるきっかけになります。数日後には「あの時はありがとう」までその子に言えて、主任としてもラッキーです。

「こんなことを相談していいんだろうか」と悩む時間はもったいない。相談するか迷った時点で、学年の先生と共有しましょう。その子へのアンテナが高くなる大人が増えるということは、いい情報も悪い情報もあなたのところへ集まるようになります。いいこと、どんどん伝えてあげればいいじゃないですか！　悪いこと…みんなで次の作戦をたてましょう。

③頼ろう！　保健室や相談室はあなたの知らない世界！

真っ先に子どもの異変を感じるのは、保健室の先生かもしれません。欠席日数？　まだまだ甘い。保健室は敏感なデータの宝庫です。保健室来室数や曜日、時間割との関係、誰と来室しているか、兄弟も似たような傾向か、部活動を舞台に他学年でトラブルになっていないか等をつなぎ合わせていくと、どの子が何に引っかかっているのかを早期に発見できることがあります。

また、個の対応だけでなく、「今月になって○年の男子の来室が多い」など、集団としての傾向もつかみやすい。気になる子がいる場合はもちろん、いなくても「最近うちのクラスはどうですか？」というふうに自分から聞きに行くと、「実は」という新たな情報に結びつくかもしれません。

相談室や支援学級の先生、管理員さんなどにも頼りましょう。特に衛生的な事柄や家庭環境、体の傷などの虐待等、異性の先生では対応が難しい案件こそ、その日のうちに報告しましょう。対応が遅れてしまうと、子どもたちのうわさが集団を間違った方向へと向かわせてしまうことがあります。そのようなことにならないよう、時間との勝負であると考えましょう。

「楽しい教室を作る」は敏感なデータから。

①語ろう、文字で。～朝早く来れないからこそ～

私は朝、我が子の送り迎えのために余裕を持って出勤することができず、多くの先生方にフォローしていただきました。他の先生方は玄関や教室で生徒を迎えることができるのに、私にはそれができませんでした。時間が限られている中でできることとして、ある先生の真似をしてずっと続けてきたことがあります。

それは、前日の帰りの会終了後に、クラスに向けて黒板にメッセージを書くことです。授業のこと、行事のこと、豆知識、自分の興味、私が悩んでいること、叱咤激励、今日は何の日か、歴史上の人物のイラスト等…。

クラスを解散すると、多くの生徒から手紙をもらいます。その際に書かれていることが多いのがこの実践で、「楽しみにしていました」「励まされました」というものです。現在は、黒板に直接だと、朝の会後に黒板係が大変なので、ホワイトボードに記入しています。たくさん書いても外すことができるので、授業にもスムーズに入ることができます。また、学級の Teams にもつぶやきを載せるチャネルが作ってあり、こちらでは子どもたちとのコメントの交換もできるので、使い分けています。教科担任制の中学校においては、担任の細かい微妙な心の動きを伝えるのにも有効な手段だと感じています。

②語ろう、目と目で。～視線をコントロールする～

健康観察。中学生ともなると照れ臭くもあるのかもしれませんが、学級開きですら目が合わないことが多いものです。しかし、私はこれが嫌なんです。だからこそ、次のように手の内を明かしてしまいます。

「実は、昨日は寂しかった。先生は、ただ名前を呼んでいるわけじゃない。中学校では、1日の中で先生の授業がない時は、このやり取りと給食、そして帰りの会でしかみんなと会わないこともある。みんなはどう思っていたかわからないけれど、先生にとって大切な時間なんだ。まさか、誰がいないかを確認しているだけだと思ってないよね？　体調不良から復活した子には「待ってたよ」って話しかけたいし、目が合うのが遅れただけで先生はこう思うんよ。朝ごはんは食べてきた？　朝、親とけんかしたのかな？　友達？　体調悪いのかな？　昨日何時に寝た？　悩んでるのかな？　って、ぶわーって頭の中を巡るのよ」。

この話をすると、全員が目を真ん丸にして私を見つめます。そうだったの？　と驚いた表情で。

「でね、どうした？　元気なさそうに見えたからさって、1人？　みんなの前かを判断して、ベターなタイミングと状況で声をかけるのよ。じゃあ、今日も名前を今から呼ぶけど、頼むよ！」

「はい、〇〇さーん」。目を合わせる➡「はい元気です」。にこり。「(私) はーい」。にこり。うずづく。1人2秒ですが、そこに思いを語ることで、学級はずいぶん安定します。当たり前のことは、当たり前じゃない。意味を語るのです。私と目を合わせた後の朝の会の締めは、隣の人と目を合わせてうなずくことです。内容は単純なこと。「はい。じゃあ、今日は５教科の日なんだね。隣の人に『今日のりきろうね』と目を合わせて言おう」。明るく、はきはきとこちらが仕掛ければ、中学３年生でももう照れることはありません。いい雰囲気で１日を始めることができますよ！

③自分が主役から友達を主役にするスピーチへ

私のクラスのスピーチは、全員同じテーマ。

前期は「私の推し３選」です。「好きなもの」より「推し」という表現がお勧め。タブレットで表示してもいいし、物を持ってきてもいい。音楽をかけたり、映画の予告を見せたり。話し終えた後は、質問に答える形式です。我がクラスには、前に立たせた人を１人にしない（その場をみんなで盛り上げる）という暗黙のルールがあります。自分の好きなものについて話すと友達同士の共通点も見つかりやすいですし、何より表情がいい。

そして、この時間だけでは終わらせません。そのことに対しての「気持ち」や「感情」を、少し日が経ってから話題にするのです。「あの時、〇〇を紹介していたけれど、どういうところが好きなの？」っと。単純かもしれないのですが、私とこの話がしたくて、相談室から教室へ戻ってきた生徒もいます。

そして秋ごろからは、「隣の席の子の他己紹介」です。必ず「え～今更？」と言いますが、そのあとのやりとりはこうなります。「はー、わかってないなー。こうやってやるんだよ。

（級長に向かって）〇〇君、私は宇宙人っていると思うんだけどー、〇〇くんは宇宙人はいると思う？　『いないと思う』。そうなんだねー。で、幽霊はー？　『いると思う（笑）』。というように、このスピーチの目的は、まだまだ知られていない、隣の子の魅力を引き出すような質問を工夫すること。クラスのみんなが『へー！』ってなるような情報を、そうだなー、3個は引き出してね」。「主人公は隣の子。あなたが隣の子を輝かせてください」。「2人で前に出てやり取りをしてもらうから、空気感が伝わるよ！　テンポとか間合いとか、タイミングとかが大事よー」

出席番号順で回すのですが、お互いの番があるので、「次はもっと！」とレベルが上がっていきます。小ネタをいれて事前にインタビューをしているので、クイズになっているなどの工夫もされていきます。答えは本人に振る。ちゃんと目を合わせて、表情たっぷりに漫才のように準備してくるのがおもしろい。男女が隣同士なので、必然的に男女ペアになります。建前じゃないから自分を出してくるし、面白いから聞きたいし、聞いてくれるから話したい。スピーチの時間も楽しみになるので、帰宅準備も早くなります。

④あなたの思いを聞かせて「なりたい自分になろう」

子どもたちは「変わりたい」という気持ちを持っていますが、確かにあったはずのその思いは、自分で先に予防線を張って「でも」という言葉に変わる時期が来ます。その時には個ではなく、集団に向けて「よりよく変わろうとするものの足を引っ張るな」と釘を刺します。でも、変わるのって怖い。新しい環境になると、「昔あいつは」って足を引っ張り合う…。

それも共感したうえで、次にこう問いかけるのです。「そんな自分、好きじゃないやろ」って。様々な目の前の与えられた「きまり」に、疑問を持たずにただ守る生徒の姿をよしとするのではなく、守った先にある姿がなりたい自分と重なるのではないかということを伝え、心を揺さぶります。程度の差があり、長期戦になることもあるでしょう。しかし、「先生、俺変わってきたやろ？」という自分の変容を認める発言につながっていくのも何度も見てきました。学級経営は、非言語の読み取りを行い、私とあなたは違う存在であるということを認識した上で、正しく伝わらないことをわかった上で、どう乗り越えていくのかというスキルを学校教育という仲間のなかで当事者が身につけていくものです。「学校じゃなくても学べるでしょ」って言われてしまう社会の風潮の中で、「学校」はかなりの期間を通して地域のすべての子達に寄り添える唯一の存在です。教員である以上、「学校だから学べるのだ」ということにプライドを持って、生徒と接していきませんか。語っていきませんか。

第９章

～特別支援学校から～
3つの「したい」を育む「マイルール」

清水智美

聴力やきこえの状況も、ことばの力も様々で、日本語の音声も手話も飛び交う賑やかな聾学校で、私は子どもたちに「伝えたい」「分かりたい」「やってみたい」という３つの「したい」を育む学級経営に取り組んできました。

日々の指導の中で、子どもたちや保護者の皆さんに伝えてきたこと、自分に課してきた心構えなどをエピソード仕立てで紹介します。

過剰なサービスはしない

(1) 自分たちで「みんなのクラス」をつくる

私は１年生や重複学級を担任した時も「みんなの学級でしょ」と、掲示物づくりや生き物のお世話、お楽しみ会の企画運営等のたくさんのことを子どもたちに任せてきました。もちろん、いたずら心も芽生えたり、ハメを外してしまったりすることもありますが、ぐっと堪えて見守ります。学級では失敗してもいい。主体性や責任感を育むには、「信じて任せる」ことが大事だと考えて取り組んでいます。

実践１：小学部普通学級1年生　学級活動（２学期末）
「お楽しみ会の計画をしよう」
実態：児童3名。全員幼稚部経験者で、3人で話題の共有はできるが、言葉の力には差がある。
ねらい：
1. 自分のやりたい出し物の内容を友達に伝える
2. 経験をもとに会の流れを話し合って決める
3. 準備物を考えてメモし、担任に伝える

今回は、自分のやりたいコーナーは自分で司会や準備をするという制約をかけました。4月から次のような「種蒔き」をしていたので、「決まったら教えてね」と言って、私は教室の隅で見守っていました。

・手掛かりになるカードゲームや工作本、材料などは学級内に配置し、自由に使える環境づくり。
・日常の生活や生活科等で、友達や家族に伝えたい大事なことや忘れては困ることをメモする習慣付け。
・小さなことでも「みんなで相談して決めてね」と折り合いをつけながら、物事を決める経験づくり。

ことばの力がある子が都合よく話をリードしそうな時は、「決まったかい？」などとリードされていそうな子どもにあえて声をかけて、話し合いの内容を話させます。

動作化させ、「言った・言わない」などの行き違いを防ぐため、黒板に絵や文字で整理したりしながら確認します。

出し物は「先生ごっこ」「大きなかぶ」「料理」とそれぞれが希望を出しました。１人の「ぼく、先生になりたい」という発言から「じゃぁ、僕も」と、３人それぞれ自分の得意な「漢字・計算・体育」の先生になることに。体育の先生や私の真似をしたり、黒板に書いたりしながら、大爆笑の「先生ごっこ」の予行練習をしていました。「大きなかぶ」は、授業で

みんなで動作化したのがよほど楽しかったのか、普段から「やっぱり」「とうとう」などの学習の中で培ったことばの響きやリズムを楽しんでいたので、予想の範囲でした。最後の「料理」は、最初は「カレーライス」に決まりそうで、「まだお泊まり会から抜け出せていないなぁ」と思いながら聞いていたのですが、火は怖い、包丁は使えるけどジャガイモの皮むきが大変。などの意見が出てきて話が止まりました。しかし、「本をみよう」と言って教室にあるレシピ本を3人で見て、パフェに決めていました。想定外だったのは、私の方を見てこそこそ内緒話をし、「先生も好きなことを選んでいいよ」と出し物を増やそうと提案してくれた一言。「先生も学級の一員だから」という理由に、心の育ちを感じました。

プログラムは予想通りお泊まり会をベースにしていましたが、「忘れるわ」と裏紙に書き、みんなで確認しながら決めました。時間切れで準備物は決められませんでしたが、教科担任の先生を招待するために名前が書いてあり、日頃の関係性の良さが窺えました。

この学級は2年間担任しましたが、「自分の考えを伝えると実現できる」という自信を持ち、遊びを考えて発展させていく楽しさをつかんだ子どもたちだったと振り返っています。

(2) 自分で「相手が分かるように伝える」

聾学校では、音声や文字、手話、実物、絵、写真、地図などのさまざま視覚情報を活用して、その場にいる全員が「分かる」ように伝えることが大事だと考えてきました。相手に伝わってないときには伝える側の責任として、「相手が分かるように伝える」。そのための力を育むのも教育の大事な役割だと考えます。

実践2：小学部普通学級中学年　朝の会（2学期始業式）「今日のニュース」 実態：児童3名。全員通学生で、近隣に居住。音声が得意、手話が得意な子、言語力や興味の幅に差があるため、日常的なやりとりでは配慮をしていた。 トピックスのため、話題の共有だけをねらって見守る。

Ａくんが、「夏休み中にえんぴつばあちゃんの家へ行ったとき、Ｔ先生に会った」と自慢気に話しました。すると、「Ｔ先生にどこで会ったの？」「そのおばあちゃんの家はどこ？」等の質問が飛び交いましたが、Ａくんは「車で行った。海の近く。Ｔ先生にあったのは道の駅」など、情報を伝えるのがやっとで、みんなには伝わりません。どうしていいか分からず、Ａくんは「わかんない」とうつむいてしまいました。

すると子どもたちは自分の知識と経験をフル活用し、「札幌の方？　それとも動物園の方？」「海は留萌じゃない？」などと、矢継ぎ早にＡくんに尋ねだしました。「家からどっちに行ったの？」「知ってるお店の前を通った？」などと、車の経路と壁の北海道地図とを照らし合わせ、日本海方面に進んだと推理しました。「伝えたいのに伝わらない悔しさ」と「知りたいのに分からないもどかしさ」が子どもたちにも育っていなかったら、「ママに聞いて明日教えて」で終わった話だと思います。諦めずにみんなで地図から日本海側の町を見つけて確認していましたが、地名は馴染みがないと正しく読めません。私は子どもたちの間に諦めムードを感じたので、「なんでえんぴつばあちゃんなんだっけ？」と助け舟を出しました。ある子が「えんぴつって町は変だよね」と１文字ずつ指文字でＡくんに確かめると、不安なＡくんがもう一度地図に向ってみんなも集まり、「遠足の『えん』だ！　別れるは『べつ』とも読む！　もしかして『遠別』じゃない？」と「えんぴつ」の謎を解き、盛り上がりました。「疲れた～。でも、わかってスッキリしたね」「コナンみたいだった」などと口々に話す子どもたちの表情は満足気でした。Ｔ先生から実は聞いていた私が話せば１分で終わるものでしたが、記憶には残らなかったでしょう。Ａくんもなんとか伝えようと記憶を辿り、みんなで知識や経験、地図などの様々なものを使って導いた答えだからこそ、みんなの記憶にも心にも残りました。その日の日記にはみんなこの話題が書かれていました（当時はGIGAスクール開始前。教室に地図を掲示し、ニュースや旅行報告などを書き込んで活用していました）。

保護者と共に

(1) 当たり前のことは、当たり前に

「お母さん。いつまで長生きします？」失礼ながら、お子さんを信じられず、任せることが怖いのかなと感じた保護者には、個人懇談で冗談めかしてこのようにお尋ねします。そ

して、きこえないから不安」「うちの子は重複だから」といった保護者の気持ちに寄り添いながらも、「ご両親は確実に先立ちます。突然放り出されるお子さんの気持ちを考えて」と、少し厳しい話をします。「気持ちは分かるんです。子どもに任せると後始末が大変。大人がやった方が早くて綺麗で、効率も良い。でも、みなさんも初めから手際よく上手にできたわけではないことを思い出してください」と言うと、ハッとした表情をされます。

身支度、買い物、家事等の「できることが増えるとと人生の選択肢が増える」と子ども達にも保護者にも伝えます。特別なことである必要はありません。お子さんに応じた「自分の当たり前を広げる」活動は、様々なものを設定できます。

実践３　小学部重複学級２年生の児童
「春の遠足で割り箸を使う」
実態：手指機能に障害はないが、手の汚れることが苦手。苦手な感触のものもある。紐結び、紙ファイルを閉じるなどの日常生活に必要な動作が定着し、1人でできるようになった時期。

寄宿舎生もいるために遠足やプール学習などの小学部の校外学習では、子どもも指導者も全員が仕出し弁当を注文することに変更した年です。本児は苦手な梅干しを気にしていましたが、私は梅干しよりも「割り箸」が心配でした。もちろん、割り箸を使えなくても生きていけるし、エコを考えてマイ箸が推奨される時代です。でも、みんなと一緒に食べる特別感や、担任との関係が築けてきて、本児に「清水が言うならやってみよう」という気持ちが芽生えてきたと判断して仕掛けました。もちろん取り越し苦労で、何も気にせずに割り箸で食べるかもしれません。でも、割り箸が嫌で、手で食べる、箸を折る・投げる等の行動が起こることを想定し、予備の割り箸や消毒用ウエットティッシュなどを持参しました。

本児は工作などでは「木」と呼んで使用し、手で持つ感触は嫌がりません。1番の課題は、その「木」と呼んでいる割り箸で食べることだと考えました。「割り箸」という名前は伝えつつも、「木」という表出で済ませて「割り箸」を自発語にしてこなかったことや、本当は食事で使うものだと丁寧に扱っていなかった自分の指導の甘さを反省しました。

事前に情報を与えるとその話ばかりになるので、当日は当たり前のようにお弁当と割り箸を渡しました。すると私に割り箸を差し出し、「お願い」と割る仕草で頼んできたので、割って使う箸だとは理解していたことがわかりました。自分の箸を割りながら見本を示すと「難しい」「手が痛い」と言いながらも友達が箸を割る姿にも釣られ、本児も挑戦して見事に割ることができました。想定通り、断面を触って「木がいたい」と嫌がりましたが、何事もなく擦り合わせて返し、「黄色い箸（給食用）はないわ。遠足だもん。嫌なら手で食べていいよ」と先手を打つと、それも嫌でお弁当をじっと見ていました。みんなが美味しそうに食べていて、本児も歩いたために空腹なことか

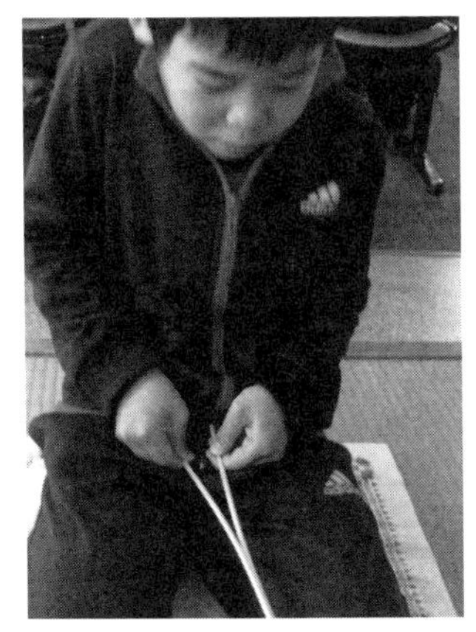

ら、私には「絶対食べるだろう」という変な自信がありました。このため黙って見守っていると、割り箸で唐揚げを刺して食べ始めました。（マナーより食べたことを優先し、）すかさず「唐揚げ美味しいでしょ。木の箸で食べるなんてお兄さんだね。かっこいい」と価値づけました。友達や他の職員からも褒められ、この後は普段通りに箸を持って食べました。事後学習では「割り箸」という名前と、お店やお店のお弁当などで使う箸であることを慌てて扱ったことは言うまでもありません。信頼関係が築けていなかった１年前にはできなかった指導です。進級して「お兄さん」の自覚が芽生え、遠足という特別な環境であったことも本児の心を動かしたのだと思っています。

(2) 教えるべき時に教える～旬を逃さない

子どもの「やりたい」には、旬があります。大人の真似から「お手伝い」に結びつくように、子どもの発達状況にあった時に勉強や社会のルール、季節の行事などの文化などを、スポンジのように吸収していくと感じます。その旬を逃さないためにも、種蒔きをします。例えば選挙の投票に連れて行くことはできないかと保護者に相談する、初雪の日を予想しながら「雪虫」や「初霜」などのことばを体験とともに扱う等を繰り返すことで、記憶にも心にも手がかりを残せます。また、陶器やガラスなどの本物を普段から丁寧に扱うことや異性との関わり方などは、障害に関わらず年齢相応に、教えるべき時に教えることが、子どもの生活を豊かにして子ども自身の身を守ることにもつながると考えます。

実践4：小学部重複学級3年生児童　「ひもむすび」
実態：3年生への進級時に地域の特別支援学級から転入。
可愛いものやお話が大好き。友達が音声での会話ができないことを知ると、最初は「かわいそう」と言っていたが、その子がエプロンの紐も三角巾も結べる、漢字も書けるなど、自分よりもたくさんのことができると気づき、「自分もやりたい」と欲が出はじめた頃。

ゴムタイプの三角巾やボタンタイプのエプロンもありますが、今後の靴や洋服などおしゃれの選択肢を考えると紐結びが必要だと保護者に相談し、実現しました。「できない」ことに取り組むには、本人の「できるようになりたい」という欲とご家庭の協力、そして本人が取り組む時間の確保が不可欠だと考えます。学級の掲示物も二色の紐で結んで綴じていたので、転入してから少しずつ「黄色と緑をばってんにして…」などと取り組み、「1度結び」ができるようになってきた頃から本格的に開始しました。固結びでも良いので自分の前で紐を交差させることから始め、ひとつずつ支援を減らすように取り組みました。1年間では体の後ろで結ぶまでには至りませんでしたが、翌年の担任の先生が引き継いで定着させてくれました。

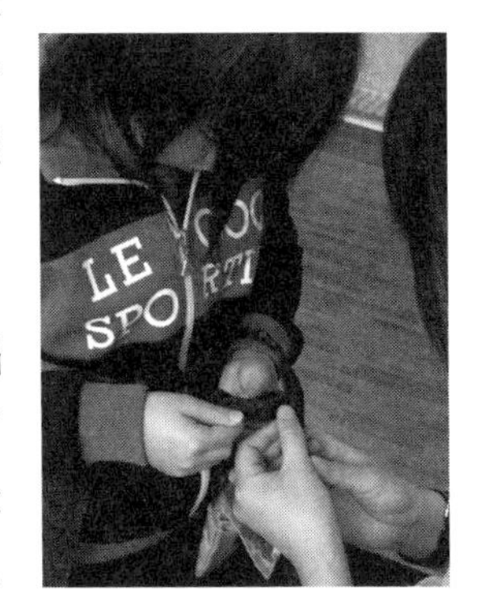

本児は小学生になって聴こえにくさが判明し、保護者の方が本当に悩まれて学びの場を聾学校に変更してくださいました。子どもの「やりたい」は何よりの原動力であると捉え、

漢字で名前を書く、汁物の配膳、バス代の支払いなど、たくさんの取り組みをさせていただいた１年間でした。

「全ては教室の中にある」

この子を受け持ちたいという希望が叶ったのに学級崩壊状態で、子どもにも保護者にも迷惑をかけていた頃に、同僚から教わった言葉です。指導改善の手がかりは教育書ではなく、日々の授業、教室での子どもの姿にこそある。そう信じて授業動画を見直し、やりとりを振り返り、時には同僚にも見てもらって助言を受けました。そのおかげで、子どもを型にはめようとしたり、子どもを信じきれずに余計なことをしていた自分に気づき、行動を先読みしても先回りはせず、子どもの力を信じて待つように努めたことで子どもが変わり、紹介したような指導が通るようになりました。

私が良き先輩や仲間から教わってきたことのほんの一部ですが、学級経営に不安な誰かの心に届けられたら倖いです。

まとめ

１過剰なサービスはしない。
　自分たちでできることは「信じて任せる」
　話の整理はしても「通訳はしない」
２保護者と共に
　当たり前が増えると「人生の選択肢が豊かになる」
　教えるべき時に教える「大人の責任」
３全ては教室の中にある
　辛い時こそ授業に戻る。「困っているのは子ども」
　自分が変われば子どもも変わり、「指導が通る」

第10章

大切なこと・捨てること

飯山彩也香

はじめに

この本を手に取っていらっしゃる方は、どんな方だろうかと想像しています。どちらの学校の先生でしょうか？　どんな年代の方でしょうか？

私は公立小学校で働く、ごくごく普通の教員です。非常勤講師、常勤講師を経て、やっとの思いで教諭になりました。大学を卒業してから、2・1・3・4・4・2・1・2・5・6・6・4・6・5・6・5・1・4・5年生の子どもたちと関わってきました。幸せな思いも、辛い思いもたくさん経験してきました。

集団生活において「きまり」は大切です。学級の「きまりづくり」については様々な情報が世に出ていますし、他の素晴らしい先生方も素晴らしい内容を書いてくださっていることと思います。私は教員生活20年を振り返りながら、学級のきまりづくりについてあえて、「**こだわるべきこと**」と「**捨てるべきこと**」を書かせていただければと思います。

『命・ドンマイ・ありがとう』

私がお世話になった校長先生が、ずっと仰っていた合言葉です。これは学校全体で共有されていました。「合言葉は？　」

と問われると、全校児童、全職員が「命・ドンマイ・ありがとう」と答えられました。語呂がよくて言いやすいということもあると思います。

「**命**」は、たった一つしかないもの。お金では買えない、この世で一番大切なもの。

「**ドンマイ**」は、落ち込んでいる子を励ます言葉。自分はあなたの味方だよという思いやり。

「**ありがとう**」は、感謝を伝える言葉。言われた人も言った人も、みんながいい気持ちになれる言葉。

こういう共通理解が、学級のきまりづくりでも大切だと思います。

こだわるべきこと

私は学級担任として、**児童・生徒の「命」を守ることが何よりも大切なこと**だと思っています。どんな学習指導も生徒指導も、命あってのことです。学校事故がどのくらい起こっているかご存知でしょうか。ぜひ一度、右下の二次元コードから「学校等事故事例検索データベース」を調べてみてください。平成 17 年度～令和 4 年度の総数 9,160 件の死亡・障害事例が閲覧できます（令和 6 年度現在）。学校事故の中には、未然に防ぐことのできるものがたくさんありますし、些細なことがきっかけで亡くなってしまった児童・生徒がいることも見ていただけると思います。

「命」を守るためのきまり

小２の女の子Ａさんは、全校奉仕作業を終えてバケツを右手に持ち、教室に向かう廊下を歩いていました。目先の左側には、廊下にうつ伏せになって向かい合う男子が２人、消しゴムをエアホッケーのようにして遊んでいました。Ａさんが男の子２人を避けるようにして右側を通ろうとしたそのとき、男の子が咄嗟に足を開いたのです。

一瞬の出来事でした。Ａさんは勢いよく転倒。バケツを持っていたためうまく手を付けず、顎を強打しました。驚いた男の子たちは何度も必死に謝りました。Ａさんは意識こそあるものの、強い衝撃で呼吸ができず、なかなか応答できません。強打した顎はぱっくりと切れて、大量に出血していました。

病院に搬送されて合計５針を縫う、全治６週間の大けがでした。

私はこの話をして、「命」を守るためのきまりとして以下の指導をします。

○廊下や教室でふざけない、走らない
○椅子は必ず机の下に入れる
○机の横のフックにかけるものは厳選する

上記の３つを徹底させます。当たり前のことのようですが、当たり前を指導できない先生が少ないとはいえ存在しています。

他人事だと捉えている子どもが毎年見受けられます。そんなときは、私の顎の傷を見せます。場合によっては触ってもらいます。

そう。怪我をしたAさん、それは私なのです。あの日から30年以上経っても、傷は消えません。何十回、何百回謝罪されても消えることはありません。傷は一生残ります。

自分自身のエピソードで語ると、子どもたちは一気に真剣な表情に変わり、自分事として受け止めてくれます。

細かいことのようですが、**安全指導は徹底する**。それは、子どもたちを被害者にも加害者にもしないため、命を守るために最優先すべき「きまり」なのです。

正論より思いの傾聴

育児休暇明け。6年生を担任したときのことです。いろいろあった学年でした。男子はちょっとしたことでキレて殴り合いの喧嘩をするし、女子はどこか冷めた感じで我関せず。平気で「死ね！」という言葉が飛び交う状況でした。中には「先生、私、死にたい」と相談してくる女子もいました。全力で守ろうと必死でした。

日を追うごとに、相手の命を粗末にする言葉や態度によって、私はだんだん批判的な目で子どもたちを見るようになっていきました。「なんでこんなことを平気で言えるのだろう？」「殺し合いゲームばかりやっているからだろうか？」。当時の私は、そんな考えでした。

今でも反省しています。**正論は通じない**。子どもたちが好きなゲームを批判することで、さらに反発は助長されました。やんちゃな子どもたちの現状と自分が目指す学級とのかけ離れた現状に、私はひどく落ち込みました。

最悪だったのは、うまくいかない原因を子どもたちに向けてしまったこと。中堅教員としてそれなりに自信を持つようになっていた分、自分の過ちに気付かず、どんどんボタンを掛け違えていったのです。やんちゃな子どもたちの心は、どんどん離れていきました。あのときの子どもたち、保護者のみなさんには、本当に申し訳ない気持ちでいっぱいです。子どものことを批判されて、喜ぶ保護者はいません。自分の子育てや家庭環境を否定されることと同じですから。

ある日、学級会で「クラスで生き物を飼いたい」という提案について話し合いました。アレルギーや危険性などを念のために確認し、結果、ハムスターを仲間にお迎えすることになりました。ひと口にハムスターと言っても種類があるので、子どもたちにきちんと聞いた上で、ホームセンターへ探しにいきました。この**子どもの気持ちや思いを聴く**ということが、当時の私に足りなかったことです。

名前の候補は色々と挙がりましたが、「ハム」ちゃんに決定。ハムちゃんをお迎えしてから、学級の雰囲気が少しだけ変わりました。やんちゃな男の子が、愛おしそうにハムちゃんのお世話をするのです。私はハッとしました。「悪いところばかり批判して、一人ひとりのよいところを見ようとしていなかった」と。

卒業までの残された時間、私は意識的に一人ひとりのよいところへ目を向けました。もちろん、一度離れてしまった心の距離は、簡単には縮まりませんでした。大変でした。それでも、担任として最後まで踏ん張ったことは無駄ではなかったし、無駄にしてはいけないことだと思っています。

だからこそその後の学級経営では、**子どもたち一人ひとり**

の思いを傾聴することを心に決めています。

学級王国は最悪

先ほど紹介した子どもたちの不満の原因は、去年のクラスや隣のクラスとの不公平感にもありました。

どうやら隣のクラスは、日常的に授業終了時刻を5分早めて、休み時間を5分間長く取っていたようなのです。そのクラスの子どもたちは、「うちのクラスは特別だ！」と優越感を持ちます。それを聞いた周りの子どもたちは「ずるい！」と騒ぐし、「なんでうちのクラスではダメなの？」と言います。もちろん、その学級なりの理由や話し合いがあったのかもしれません。それでも私は、独自ルールを認めることはできませんでした。

また、指導すると子どもは不貞腐れて言います。「去年の先生は、いいって言ってたのに」と。

あえて厳しい言い方をしますが、**学校のきまりを無視した、そのクラスだけ楽しい独特なきまりをつくることは悪**です。どうしても必要なきまりだというのならば、職員会議で相談するとよいでしょう。児童の主張を実現させるなら、学級会から児童会や生徒会に提案し、全校のきまりにすることもできるでしょう。「自分の学級が最高ならOK」だという考え方は危険だと思います。

子どもから「○○先生のクラス最高！」と言われたら、担任としては嬉しいと思います。何かイベントのときに、「TEAM ○○」とか「○○魂」なんていう具合に担任の先生の名前を付けようものなら、「私は子どもたちから好かれるいい先生なんだ！」と思うかもしれません。

しかし、ちょっと冷静に考えてみてください。**本当に「いい先生」ですか？**　子どもは担任の先生に気を遣っているのではありませんか？　学級の中の先生の立ち位置はどうなっていますか？「○○先生のときはよかった」という言葉。全ての先生に当てはまるわけではないのですが、場合によっては、子どもにとってただの「都合のいい先生」だった可能性はありませんか？

妙なプライドは捨ててしまえばいい

担任である自分の名前を表に掲げようとする動きがあったとしたら、私はその流れを次の言葉で断ち切っています。「先生は主役じゃない。学級の主役はみなさんですよ」と。

新年度に別のクラスになった子どもに「先生のクラスがよかった」と言われたら、「先生も楽しかった。それはあなたたちがいたからだよ。今のクラスが不満なら、変えていけるのはあなたたちだよ」と優しく笑顔で突き放します。

私にも熱血時代がありました。縄跳び大会で大縄八の字跳びをするときは、「みんなついて来い！」と言わんばかりに卒先し、練習にも熱が入りました。１位にもなりました。感動しました。かけがえのない思い出です。

けれど私は、それ以後もクラスを１位に導く担任であり続けようとしたのです。**完全にエゴです。**

私はこれを捨て、あるがままの子どもたちの姿を見ることに決めました。

学級よりも「学校のきまり」

こんなことを書いてしまったら、いろんな物が飛んできそうです。「この本は学級のきまりづくりの本だろう！」と出版社の方に背負い投げをされてしまうかもしれません。

しかし、**「学級のきまりづくり」より「学校のきまりづくり」の方が大切**というのが、私の自論です。

学校のきまりは、学校の先生が定めているものです。学級のきまりづくりうんぬんよりも先に、まずは学校のきまりを守るべきです。例えば、「名札を着用する」ことがきまりであるならば、担任として「名札を着用する」ことを徹底して指導すべきです。**当たり前のことが当たり前にできる**。そんな指導が**学級のきまりづくりの土台**になると思います。

納得解が得られないものがあるのならば、先生方が話し合って変えていけばいいのです。先生方ができないことを、どうして子どもたちに指導できますか。

もちろん、正義を振りかざして「こんなきまりはおかしいじゃないですかぁ！」と喧嘩腰になってはダメです。我々は社会人です。大人としての話し合いができなければなりません。

きまりは変わる可能性がある

例えば、こんな学校のきまりがありました。

「ゲームセンター（スーパーなどの小さなゲームコーナーも含む）は保護者同伴であっても禁止」

とある１年生の夏休みの絵日記には、こう書かれていました。「おとうさんとクレーンゲームをやりました。だいすきなキャラクターのぬいぐるみを１かいでとってもらいました。うれしかったです」。みなさんなら、どう考えますか。私は、家族の団らんには口を出す必要がないと考えました。

別の日には、学校に届いたイベントのチラシを配付しました。生徒指導の先生に、ある先生が真面目な顔をして相談しています。「このイベントのチラシにはゲームコーナーと書いてあるのに、配っていいんですか？」と。私はチラシをすでに配ってしまっていました。結果、チラシは配付することになりました。

年度末には、「ゲームセンターは保護者同伴のときのみ可」と、きまりそのものを見直して変えることになりました。

そもそも論からはじめよう

今、存在している「学校のきまり」には、過去にあった何かが起因となって存在しているものもあることと思います。その中には、どの時代においても必要なきまりはあります。私が先に述べたように、「命」を守るためのきまりはそれに当たると考えています。

あえて問います。**その「学級のきまり」って、そもそも必要ですか？**　そのきまりはなぜ必要なのですか？　学級のきまりとして掲げないといけないものですか？　学校のきまりでは解決できないのですか？

やたらと「きまり」が乱立すると、なんだか窮屈な感覚になるのは私だけでしょうか。

あなたと学級の子どもたちだからこそ

私は、公立小学校で働くごくごく普通の教員です。いろんな失敗もしてきましたし、おっちょこちょいなのでいまだに失敗することだってあります。最近では何を言おうとしたのか忘れてしまって、子どもに助けてもらうこともあります。

けれど、そんな不完全な私だからこそ出せる色が、学級のカラーがあるのだと思います。

私には、子どもが3人います。世界で一番可愛いく思っています。しかしながら、担任する子どもたちも、同じくらい大切に思えます。子どもたちが愛おしくて、泣きそうになる瞬間もあります。子どもたちに感謝して過ごす日々です。

大変なクラスだったときでも、その子たちに何ができるのかを真剣に考えてきたことは間違いありません。自信をなくしたことも、落ち込むこともあったけれど、教師を辞めなくてよかった。心からそう思えます。

これまで出会ったたくさんの同僚や保護者のみなさん、子どもたち、家族や仲間がいたからこそ、今の私があるのだと感じています。ありがとうございます。

学級を楽しくする「きまりづくり」も、**ハウツーは所詮ハウツー**です（元も子もないこと言ってすみません）。参考にはしつつも、あなたと学級の子どもたちだからこそ描ける色で学級経営をして欲しいです。あなたとあなたのまわりにも、彩りと笑顔が増えることを願っています。

おわりに

「子ども理解をアップデート　クラス経営が不安な先生が読む本」というストレートなタイトルには、「子ども理解」と「クラス経営」という２つのキーワードが含まれています。

そもそも「理解」とは、「物事に接して、それが何であるか（を意味するか）正しく判断すること」（新明解国語辞典）です。子どもを理解するには、**児童生徒に接して、彼らの言動が何を意味するのか正しく判断する必要がある**のです。

若い先生だけでなくクラス経営に悩む先生は、手段はどうであれ、児童生徒に接する方法に悩まれている方も多いように思います。「問題行動」が多くコミュニケーションを取ることが難しい子ども、いつもどこか不安感が強い子ども、クラス全員を上手く束ねながら日々歩んでいく方法など、私も若い時はたくさん悩みました。その都度先輩先生に相談したり、クラス経営が上手くいっている先生の教室の真似をしたりしたことを今でも覚えています。

今回、脳科学や心理学、特別支援の観点、小学校・中学校の教員など幅広い教員が名を連ねています。そんな教員たちが考える「上手くクラス経営をするための知識」は、どんな先生にとっても、**目の前の生徒に一歩近づくためのヒントになる**のではないかと思います。

また、「経営」という言葉。こちらは、「規模・方針などを定めて、(経済的に上手くいくために）事業を行うこと。また、そのための組織。」(新明解国語辞典）と意味があります。経済活動ではないものの、**方針を定めること**がクラス経営には必須です。

クラス経営に不安を抱えている読者の皆さんも、まずは**クラスのきまり**をつくり、みんなで共有することから始めましょう。

しかし、きまりをつくれば、必ず逸脱する子どもが出てきます。

年間通して表れる「問題行動」を教師が逃さずとらえるためには、「問題行動は起きて当たり前」だというマインドを持つことが大切です。そんな「問題行動」を**クラスが成長するための機会だ**と認識できるようになれば、もう一度本書を手に取り、生徒に近づくためのヒントを再度確認してみてください。

皆さんの「不安」を少しでも「期待」に変えることができればいいな、と願っています。

2025年2月　**藤井 海**

[執筆者一覧]

第1章　天野翔太（さいたま市立大砂土東小学校教諭）
第2章　櫻井純代（一宮市立末広小学校教諭）
第3章　山口育恵（学校法人就実学園・就実小学校教諭）
第4章　鷲見秋彦（立命館小学校教諭）
第5章　小池翔太（東京学芸大学附属小金井小学校教諭）
第6章　山田航大（立命館小学校教諭）
第7章　藤井　海（東大阪市立小阪中学校教諭）
第8章　安野奈美子（福井市立清水中学校教諭）
第9章　清水智美（北海道手稲養護学校教諭）
第10章 飯山彩也香（日立市立大沼小学校教諭）

[編者紹介]

正頭英和（しょうとう・ひでかず）

立命館小学校教諭。1983年大阪府生まれ。関西大学大学院修了(外国語教育学修士)。2019年、「教育界のノーベル賞」と呼ばれる「Global Teacher Prize 2019(グローバル・ティーチャー賞)」トップ10に、世界約150ヵ国・約3万人の中から、日本人小学校教員初で選出される。主な著書に、『世界トップティーチャーが教える 子どもの未来が変わる英語の教科書』(講談社)、『桃太郎電鉄教育版 日本全国すごろくドリル: 小学1年生 かん字・けいさん・プログラミング・日本ちず』(小学館)等がある。

若い先生のパートナーズBooK 学級経営

子ども理解をアップデート

クラス経営が不安な先生が読む本

2025年4月5日　初版発行

編　者　　正頭英和
発行者　　小島直人
発行所　　株式会社 学芸みらい社
〒162-0833 東京都新宿区箪笥町31番 箪笥町SKビル3F
電話番号 03-5227-1266
https://www.gakugeimirai.jp/
e-mail：info@gakugeimirai.jp

印刷所・製本所　株式会社ディグ
企画　阪井一仁
校正　西田延弘
装丁　吉久隆志・古川美佐（エディプレッション）
本文組版　児崎雅淑（LiGHTHOUSE）

落丁・乱丁は弊社宛にお送りください。送料弊社負担でお取り替えいたします。

ISBN 978-4-86757-074-6 C3037

若い先生のパートナーズBooK

PARTNERS' BOOK FOR YOUNG TEACHERS

教室とは、1対30で勝負する空間。
教師は、1人で30人を相手に学びを創る世界に飛び込むのだ。
次世代をエスコートする「教室の責任者」である担任は、

- 気力は眼にでる
- 教養は声にでる
- 秘められた感情は口元にでる

これらをメタ認知できる知識人にして行動人であれ。
その水源地の知恵が凝縮されたのが本シリーズである。

PARTNERS' BOOK
FOR
YOUNG TEACHERS